PROJET

DE

COLONISATION D'UNE PARTIE DES LANDES

DE GASCOGNE ET DE BORDEAUX.

PROJET DE COLONISATION

D'UNE PARTIE

DES

LANDES DE GASCOGNE

ET DE BORDEAUX.

EXTRAIT D'UN VASTE PROJET

Ayant pour Titre :

CONSIDÉRATIONS SUR LA DIVISION TERRITORIALE DE LA FRANCE
ET SUR LES AMÉLIORATIONS DONT ELLE EST SUSCEPTIBLE, TANT DANS L'INTÉRÊT
DES POPULATIONS, DE LA JUSTICE CIVILE, ADMINISTRATIVE ET RELIGIEUSE,
QUE POUR FACILITER LA CONSERVATION DES PLANS CADASTRAUX,

Par SIMON aîné,

Ancien Géomètre en chef du Cadastre du département du Calvados,
Membre de plusieurs Sociétés savantes.

CAEN,

CHEZ VEUVE PAGNY, IMPRIMEUR DE LA PRÉFECTURE,
Rue Froide, n° 29

1852.

AVERTISSEMENT.

En étudiant, il y a quelques années, un projet de conservation des plans cadastraux, nous fûmes conduit à considérer la division territoriale de la France dans tous ses degrés, en descendant du département à l'arrondissement, de l'arrondissement au canton, et du canton à la commune.

Le nord fut notre point de départ ; nous parcourûmes sur la carte les divers départements, et sans rendre compte ici des observations dont ils furent l'objet, nous passons tout de suite à la *région sud-ouest* de la France.

Là , nous fûmes frappé de l'immense-étendue des départements contigus de la Gironde et des Landes, le premier contenant 974 mille hectares, et le second 932 mille ; ensemble 1,906,000 hectares.

Quelle était la cause d'aussi grandes coupures ? L'examen attentif de la carte nous apprit que ce devait être l'exiguité de la population, due sans doute à la stérilité , à l'insalubrité du sol des Landes, submergé sur les plateaux pendant plusieurs mois de l'année par les eaux pluviales, qui croupissent à défaut de pente ; aux étangs et marais qui le couvrent dans ses parties basses ; enfin aux dunes qui composent son littoral.

L'objet principal de notre projet primitif étant de signaler les trop grands départements pour les faire réduire, afin d'atténuer l'influence toujours fâcheuse qu'ils exercent sur les petits en matière politique, industrielle et commerciale, nous eûmes aussitôt la pensée qu'il convenait de créer un troisième département aux dépens des deux précités.

Tel est le premier anneau qui relie notre projet primitif à celui que nous publions aujourd'hui. Cela ne suffisait pas. Comment assurer une administration à une étendue de plus de 660 mille hectares n'ayant qu'une faible population, où tout est à créer , arrondissements, cantons, communes, et à ramener à des dimensions raisonnables pour y faciliter tous les services ?

1

La colonisation, si étrangère en apparence à notre première mission, nous parut le seul moyen de sortir d'embarras, et c'est le second anneau de la chaîne qui relie nos deux projets.

Un si vaste terrain que celui dont il s'agit, et dans les conditions que nous avons citées, devait nécessairement avoir été l'objet de recherches et d'études sérieuses au point de vue agricole. Nous allâmes donc à l'enquête l'an dernier, et nous apprîmes, malgré notre éloignement des lieux, que de nombreux et savants Mémoires avaient été publiés *sur les Landes de Gascogne et de Bordeaux* par des administrateurs, des naturalistes, des agronomes, des ingénieurs, qui tous avaient parcouru préalablement les lieux, ce qui nous a dispensé d'en faire autant.

Nous nous sommes donc empressé de nous procurer plusieurs de ces ouvrages; en voici la note:

Études administratives sur les Landes, par le Baron d'HAUSSEZ, ancien Préfet des Landes. — Bordeaux, 1826.

Des travaux à faire pour l'assainissement et la culture des Landes de Gascogne et des canaux de jonction de l'Adour à la Garonne, par C. DESCHAMPS, Inspecteur général des ponts-et-chaussées. — Paris, 1832.

Voyage dans les Landes de Gascogne et Rapport de la Société royale et centrale d'Agriculture, sur la colonie d'Arcachon. — Paris, 1840.

Vérités sur les Landes de la Gascogne et sur la Culture forestière des pins, par un Paysan des Landes. — Paris, 1841.

Mélanges d'agriculture et d'économie publique, par le Comte André de BONNEVAL. — Paris, 1843.

Nous plaçons au premier rang les études administratives sur les Landes. C'est une collection de Mémoire et d'écrits relatifs à la contrée renfermée entre la Garonne et l'Adour; travail consciencieux, lumineux et impartial. C'est l'œuvre d'un bon, d'un excellent administrateur; un riche magasin où tous ceux qui ont écrit depuis sur les Landes ont pu puiser des idées, des renseignements précieux. Chacun des autres Mémoires a bien aussi son mérite, sa spécialité et peut être consulté avec fruit. Tous visent au même but: la colonisation des Landes de Gascogne, mais chaque auteur indique des voies différentes.

Les uns veulent la culture *forestière des pins*; les autres la culture *rurale*. Nous penchons pour le système mixte.

La lecture attentive que nous avons fait de ces excellents Mémoires, nous a laissé l'intime conviction que les Landes de Gascogne sont susceptibles d'être bien cultivées; que de nombreux essais en fournissent la preuve; que si les

compagnies qui se sont formées pour entreprendre des défrichements et desséchements n'ont point toutes et complétement réussi, c'est moins la faute du
sol, que de *l'intrigue*, *du charlatanisme* et de *la commandite* qui ont causé
leurs ravages ordinaires, fait de nombreuses dupes, suspendu l'élan et rendu
sur plusieurs points les travaux stationnaires pendant quelque temps. Cette
tourmente passée, ils ont repris leur cours, mais ils marchent lentement.

Il est constant encore, que tous ces Mémoires s'accordent sur ce point capital, que la principale cause du peu de progrès de la colonisation des Landes
est et sera longtemps encore le manque de *bras*, de *capitaux*, d'*engrais* de
voies de communication par terre et par eau.

C'est donc vers les moyens de procurer à ce malheureux pays ces quatre
grands éléments de succès, que nous avons tourné nos vues en suivant des routes entièrement différentes de celles tracées par nos devanciers. On verra par la
lecture de ce Mémoire si nous avons atteint le but. Nous n'osons nous en flat-
ter; mais si nous pouvons, d'une manière quelconque, contribuer à l'obtention
d'un meilleur état de choses pour les Landes de Gascogne et de Bordeaux, nous
serons suffisamment récompensé de nos soins et de nos efforts à cet égard.

Indépendamment des renseignements que nous avons puisé dans les Mémoires précités, nous avons eu recours à plusieurs agents d'administration pour les
compléter, et nous nous faisons un devoir de consigner ici l'expression de notre
reconnaissance pour l'empressement, le zèle et l'exactitude qu'ils ont apportés
à nous satisfaire.

PROJET

DE

COLONISATION D'UNE PARTIE DES LANDES

DE GASCOGNE ET DE BORDEAUX.

DESCRIPTION SOMMAIRE DES LANDES.

Que voit-on dans le sud-ouest de la France? Deux départements contigus d'une immense étendue, la Gironde de 974 mille hectares, et les Landes de 932 mille. — (Voir à la fin du Mémoire la note *a*).

On voit encore: 1° L'arrondissement de Bordeaux, de 423,500 hectares (sept départements sont chacun inférieurs à cette superficie); 2° Celui de Mont-de-Marsan, excédant 530 mille hectares (quatorze départements sont chacun au-dessous de cette contenance). Ce n'est pas tout. On voit aussi des cantons dont la superficie varie de 38,500 hectares à 82,500, lorsque le *maximum* légal est de 37,500 (loi du 8 pluviôse, an IX, art. 4.)

Enfin, on voit des communes d'une grandeur moyenne de 6,500 hectares. On en compte même huit dans la partie des Landes de la Gironde, qui varient de 7,000 hectares à 18,600; celle de la Teste en a 21,828. Sur le département des Landes, dans la partie inculte, on compte vingt-cinq communes d'une contenance de 7,000 hectares à 18,227; tandis que la moyenne générale, résultant de la division des 52 millions d'hectares de la France continentale, par les trente-six mille six-cent-quatre-vingt-cinq communes qu'elle comprend (1), n'est que de 1,417 hectares.

Le département de la Gironde et celui des Landes , se composent chacun de deux parties bien distinctes : l'une parfaitement cultivée, riche, bien peuplée, bien pourvue de routes, fertilisée par un grand nombre de cours d'eau ; l'autre presque inculte, consistant en landes, bruyères, étangs, lagunes, marais et dunes , mais généralement sans industrie, sans bras agricoles, sans capitaux , sans chemins solides, sans canaux achevés (b), sans engrais suffisants, sans accès sur la côte, sans ports de pêche, de commerce ni de refuge, excepté celui de la Teste, et quoique ayant un littoral de 180 kilomètres (45 lieues) de longueur, de l'embouchure de la Gironde à celle du Coutis, où nous arrêtons la partie à coloniser, et qui formerait à elle seule un département nouveau. — En voici l'esquisse rapide :

C'est un terrain ingrat, principalement en landes et bruyères, mélange de débris de cendres et de sable , dont la couche végétale varie de 50 centimètres à 1 mètre d'épaisseur, repose sur un sous-sol de tuf dur qu'on appelle *alios*, et qui étant impénétrable renvoie les eaux pluviales à la surface , laquelle, par ce fait, reste inondée durant plusieurs mois. Après ce sous-sol, vient une autre couche de sable plus fortement lié par les oxides et qu'on nomme *pierre de fer.* Son extrême dureté la rend propre aux constructions.

Cette immense savane se divise en plusieurs parties.

La première, dite *les Landes de Bordeaux*, est dénuée de tout cours d'eau ; n'a que de maigres pâturages, n'offre çà et là, et à de grandes distances les uns des autres, que quelques massifs de chênes-liège et de pins maritimes. Le liège fournit divers articles au commerce; les pins maritimes produisent des bourrées, des échalas, de la résine, du goudron, du charbon, du bois d'ouvrage, etc., mais le tout d'un faible produit à cause de la difficulté d'extraction , de l'énormité des frais de transport, faute de routes, de chemins viables et de canaux. La consommation *sur place*

(1) La Corse déduite, car n'étant pas cadastrée parcellairement, elle ne peut faire partie du projet principal dont ce Mémoire est extrait.

de ces divers produits est également nulle à cause de l'exiguité de la population.

Les voyageurs, peu nombreux il est vrai, qui parcourent ces landes, peuvent se croire dans les *karrous* de l'Afrique ou dans les steppes du nord de l'Asie. Pas une ville ! car *Lesparre* appartient au pays de *Grave* parfaitement cultivé en riches vignobles, et la Teste n'est qu'un bourg sans rues pavées ; de rares villages, peu de hameaux, quelques fermes, métairies ou cabanes mal construites, apparaisent de loin en loin comme les *oasis* dans le désert.

Ces modestes habitations sont entourées de quelques champs cultivés en froment, seigle et autres céréales, comme pour témoigner du parti que l'on pourrait tirer de ce sol stérile, avec des bras, des capitaux, des engrais et des voies de transport.

En général, la population des Landes est pauvre, peu nombreuse et mal civilisée. La pêche et la chasse ont plus d'attrait pour elle que la charrue. On ne cultive des champs que ce qu'il en faut pour nourrir les familles. Un certain nombre d'hommes se livrent à l'industrie du résinier, qui consiste à faire des entailles aux pins maritimes d'âge requis, pour en obtenir les produits résineux dont nous venons de parler.

Les bergers font aussi une classe d'hommes à part. Bien que les résiniers ne brillent pas par leur intelligence, les bergers leur sont de beaucoup inférieurs sur ce point. Ils ne savent que tricoter des bas pour eux et leur famille. Rien de plus fier cependant que le berger Landais. Du haut de ses échasses, qui lui sont nécessaires pour franchir les nappes d'eau stagnantes, il contemple avec orgueil le terrain sans limites qui se déroule devant lui, et s'en croit le maître, parce qu'il jouit des droits de *parcours* et de *vaine pature* les plus étendus, au grand désavantage de la propriété.

Comme on le voit, la chasse, la pêche, les forêts et les troupeaux, absorbent les bras les plus vigoureux, car les femmes ne s'occupent guère que du ménage; la culture des champs est donc très-négligée : aussi en conclut-on que la population des Landes *est impropre à la colonisation.*

A la suite, et au sud-ouest des Landes de Bordeaux, est le *Marensin*, petit pays compris entre Parentis et Saint-Vincent, de 50 kilomètres de longueur, sur une largeur moyenne de 20 kilomètres, composé d'étangs, de dunes, de landes et de forêts. Il produit en quantité des chevaux petits, mais sobres, courageux, d'une excellente race, et très-propres à la cavalerie légère. Le Maransin est la partie la plus boisée, celle qui est arrosée par le plus grand nombre de cours d'eau naturels ; c'est par conséquent la plus accidentée. Sa pente générale est de l'est à l'ouest.

Au nord du Maransin, entre l'Océan et la rivière du Leyre, est le pays *de Born*, couvert de landes et bruyères, parsemé de massifs d'arbres verts et renfermant plusieurs étangs : les deux plus grands sont ceux de *Gates* et de *Cazau*. Celui-ci est au milieu d'une belle et vaste plaine, facile à convertir en prairies naturelles très-fertiles.

Le Bassin d'Arcachon peut être considéré comme le point le plus important, le plus pittoresque et le plus populeux du littoral. Il en sort tous les jours cinquante voitures de poisson, deux mille canards sauvages, le tout destiné pour Bordeaux. Ce bassin maritime est irrégulier, a vingt lieues de circonférence. Il se compose de plusieurs *passes* qui forment six îles, dont la plus grande est celle de La Teste ; sa superficie, en y comprenant celle de ces îles que la mer couvre et découvre tous les jours, est d'environ quinze mille hectares. On en retire un engrais fort énergique, dit : *de Prés salés*. C'est un dépôt de débris de coquillages et de poisson. Ce banc salifère se trouve principalement au sud de la partie supérieure du chenal de *Bernet*. L'entrée du Bassin, qui est aussi celle du port de la Teste, est maintenant éclairée par un phare de premier ordre.

Les dunes, ou colines de sable, dont quelques-unes s'élèvent jusqu'à 60 mètres, forment une zône de 240 kilomètres, de l'embouchure de la Garonne à celle de l'Adour (ici, nous sortons momentanément du département du Leyre pour ne pas scinder la description du littoral) ; d'une largeur moyenne de cinq kilomètres six dixièmes, limitée à l'ouest par l'Océan, et à l'est par les terres cultivées. Leur superficie est de 134,400 hectares, y compris les étangs, le Bassin d'Arcachon, les forêts et les lèdes. De ces 134 mille hectares en nombre rond, le département du Leyre n'en comprendrait que 87,300 ; le surplus resterait au département des Landes.

Ces sables mouvants et dévastateurs, ont été longtemps l'effroi des populations avoisinant la mer. Elles voyaient leurs églises, leurs villages disparaître sous ces montagnes mobiles, dont la base s'élargissait toujours. Mais, grâce à feu M. Brémontier, inspecteur général des ponts et chaussées, les craintes ont disparu. Cet habile et savant ingénieur est parvenu à fixer les dunes avec le plus grand succès, par des semis de pins maritimes. Il a ainsi doté le pays, en moins de 25 ans, de 1788 à 1809, d'immenses forêts, qui non-seulement abritent les cultures, mais encore qui seraient d'un grand produit pour l'Etat, s'il y avait des routes et des canaux dans leur voisinage.

De nombreux et savants mémoires agronomiques, etc., constatent que le chêne, le peuplier et plusieurs autres essences d'arbres forestiers, viennent dans les landes, mais beaucoup plus lentement que le pin maritime, qui est l'arbre de prédilection du sol. Il l'est aussi des propriétaires, parce qu'il commence à produire dès l'âge de dix ans jusqu'à soixante, époque où les coupes de pins se font à *blanc-d'estoc*; puis le boisement recommence.

Il est constant encore que les arbres fruitiers ordinaires réussissent bien dans les jardins clos; que l'on peut cultiver en grand le noyer, le figuier et surtout le mûrier, qui peut devenir une source de richesse incalculable.

Plusieurs compagnies se sont formées pour coloniser diverses parties des landes de Gascogne, de 1770 à 1775; mais, soit inexpérience, soit insuffisance de capitaux, ou plutôt manque de bras et de débouchés, elles ont succombé dans leurs entreprises, bien qu'elles eussent eu le terrain presque pour rien.

De nouvelles associations ont eu lieu et se sont établies depuis trente ans dans d'autres localités. Il est une foule d'opérations préparatoires qu'il faut faire avant tout, telles que construction d'habitation pour le personnel, de bâtiments ruraux pour les bestiaux; telles encore que l'ouverture de chemins d'exploitation, de canaux, de rigoles de desséchement, etc., qu'il faut exécuter avant de jouir; tout cela, joint à un matériel dispendieux, absorbe une partie importante du fonds social et devient une cause de retard pour les travaux ultérieurs.

Ces nouvelles compagnies travaillent avec ardeur, défrichent et plantent beaucoup. Toutefois, leurs entreprises ne sont point encore assez avancées pour qu'on puisse en apprécier les résultats. Mais il est à craindre qu'après avoir employé tous leurs capitaux pour mettre leurs colonies le plus en valeur possible, qu'après avoir organisé et construit, peut-être d'une manière trop splendide, elles n'aient à souffrir de l'absence des grandes voies de communication par terre et par eau, dont l'exécution aurait dû précéder toute entreprise particulière, pour assurer le transport à bon marché des matériaux nécessaires aux constructions; et pour faciliter l'écoulement des produits agricoles et industriels (c) ; s'il faut contribuer ensuite à l'établissement de ces grandes artères, ce sera une augmentation de frais qui ne permettra pas de soutenir la concurrence avec les produits d'autres localités mieux pourvues de routes et de chemins.

Création d'un Nouveau Département [1].

Les choses en cet état, nous pensons que si des deux départements de la *Gironde* et des *Landes*, on en formait un troisième sous la dénomination de : *département du Leyre*, tirée de son principal cours d'eau, et qui comprendrait la presque totalité des deux parties incultes dont nous avons parlé plus haut; cette mesure serait féconde en résultats.

En effet, cette vaste solitude, placée sous l'administration d'un seul Préfet, gagnerait beaucoup. Ce magistrat n'ayant d'abord qu'une faible population, l'expédition des affaires administratives l'occuperait peu : il pourrait donc se livrer plus spécialement à tout ce qui concernerait le développement de l'agriculture, de l'industrie et du commerce de son département.

Le peuplement du Leyre, sa colonisation, l'organisation des so-

---

(1) Cette opération serait infiniment plus simple dans les Landes que ne l'a été la création du département de Tarn-et-Garonne, aux dépens de quatre autres départements riches, populeux et très-morcelés.

ciétés d'agriculture, des agents-voyers, de ceux d'irrigation, etc. , seraient l'objet principal de ses soins.

Tenu d'habiter vers le centre de son département, son action serait plus immédiate, plus prompte, conséquemment plus efficace.

A cet effet, une ville chef-lieu, dans les proportions de huit à dix mille âmes, serait fondée au point qui, tout en approchant le plus possible du centre du département, réunirait à la fois les avantages de la salubrité, de l'abondance des eaux, de la proximité d'une grande route, d'un canal navigable, d'une forêt et d'un commencement notable de population.

A tous ces points de vue, nous pensons que la position la plus favorable serait entre le village de Béliet , le hameau de Lugos et le bourg de Belin , puisqu'elle serait : 1° sur le canal de jonction projeté de la Gironde, près Castres, au bassin d'Arcachon ; 2° à un kilomètre de la route nationale n° 132, de Bordeaux à Bayonne ; 3° à un kilomètre du Leyre, à l'origine de sa navigation et au point de concours du canal de jonction précité ; 4° à deux kilomètres du bourg de Belin ; 5° à cinq kilomètres de la forêt de Salles ; 6° à douze de celle de Biganon, qui touche à la route n° 132.

On pourrait donner à ce chef-lieu départemental le nom de *Lugôville*, tiré de Lugos, son hameau originaire.

Béliet compte 1100 habitants, Lugos 350 et Belin 1500. On aurait donc tout de suite une agglomération de près de 3,000 habitants autour de Lugôville, à sa naissance, et qui serait doublée en deux ans par la population propre de la nouvelle ville, ainsi qu'on le verra bientôt.

Cette admirable situation du chef-lieu du département, déjà relié à Bayonne par la route nationale n° 132, serait ensuite considérablement améliorée par l'ouverture de dix routes et de plusieurs chemins de grande communication, allant à autant de villes extérieures ou à des chefs-lieux de canton (*d*). Que l'on établisse à Lugôville deux marchés par semaine, une foire tous les deux mois, et l'on aura tout de suite un grand centre d'affaires commerciales et industrielles. Les défrichements autour de ce chef-lieu départemental marcheront rapidement dans un rayon de 8 à 10 kilomètres. Le sol se couvrira *de villa*, de charmantes maisons de campagne, comme cela s'est fait autour de Napoléon, bâtie dans le lieu le plus sauvage du département de la Vendée. Cependant elle n'a que cinq routes au lieu de dix et n'a point de port.

De même que le préfet serait tenu d'habiter au centre de son département, chaque sous-préfet résiderait vers le centre de son arrondissement.

Ce rapprochement considérable des administrateurs de leurs administrés serait un grand bienfait permanent. Le rapprochement des tribunaux de première instance et des justices de paix de leurs justiciables, qui résulterait aussi de l'exécution de notre projet, aurait d'immenses résultats, à cause du morcellement futur de la propriété *landaise* et de la subite augmentation, hors de toute proportion, de la population par les divers moyens qui vont être indiqués.

Composition du département du Leyre.

Si donc on formait le nouveau département du Leyre, il devrait comprendre :

1° Les landes, bruyères, étangs, lagunes, marais, fondrières et dunes du département de la Gironde, désignés par la ligne de démarcation décrite sommairement note *e*. (Voir la carte.)

2° Les terrains de même nature du département des Landes et dont la description sommaire est indiquée note *f*.

Cette nouvelle délimitation ferait perdre au département de la Gironde :

74,534 habit. et 360,990 hect. , et au département des Landes :

31,964 habit. et 304,073 hect. La réunion de ces fractions de population et de superficie formerait un tout de 106,507 habitants et de 665,063 hectares. C'est cet ensemble qui constituerait le nouveau département du Leyre.

L'importance actuelle du département de la Gironde est de :

568,000 habitants (1) et de 974,000 hect. En en retranchant :

74,543 habitants   et   360,990 hect. , il lui resterait encore :

493,457 habitants   et   613,010 hect. ; mais sa constitution

(1) D'après le recensement de la population de 1846.

définitive , par suite du remaniement général des divisions territoriales de toute la France que nous proposons , pourrait être de
524,027 habitants et 683,000 hectares. (Voir note *g.*)

Le département des Landes possède aujourd'hui une population de :

288,077 habitants et de 932,000 hectares. Si l'on en ôtait :
 31,964 habitants   et   304,073 hectares, il lui resterait encore:

256,113 habitants   et   627,927 hectares.

Mais cette situation pourrait être améliorée et portée en définitive
à 294,724 habitants et à 670,000 hectares par le moyen indiqué
note *g.*

C'est ainsi que par des changements de circonscription faits dans
l'intérêt de la délimitation des grandes divisions territoriales ou de
la justice distributive, on pourrait ramener, *autant que possible* , les
départements à l'égalité d'importance de population et d'étendue ,
afin d'atténuer l'influence fâcheuse que les trop grands départements
exercent sur les petits, dans les affaires politiques et sous les rap-
ports commerciaux , agricoles et industriels.

On ne peut se dissimuler d'ailleurs que le remaniement des divisions territoriales de tous les degrés , dans toute la France, ne soit
devenu nécessaire par suite des nombreux changements opérés depuis trente ans par le tracé d'une infinité de routes, de chemins de
grande et de moyenne vicinalité , par l'établissement de nos lignes
ferrées et l'ouverture de nouveaux canaux, toutes circonstances qui
ont décentralisé beaucoup de chefs-lieux administratifs, judiciaires
et autres.

Après cette longue digression qui se rattache néanmoins à notre
projet principal , par l'immense étendue actuelle des départements
de la Gironde et des Landes , nous revenons au département du
Leyre et à sa colonisation.

Comme tout est extraordinaire dans cette nouvelle création ;
grandeur démesurée des arrondissements , des cantons , des communes ; exiguïté de population et de revenu relativement à l'étendue ; insuffisance de centres de population pour les chefs-lieux administratifs ; stérilité du sol, etc. ; il faudra bien , en présence de
tant de circonstances exceptionnelles , s'écarter des règles générales

que nous avons posées pour toute la France (note *h*), afin d'arriver
à un nouvel ordre de choses dans le département du Leyre et de
faire sortir cette malheureuse contrée de l'état d'abandon, d'infé-
riorité, de pauvreté même où elle est depuis des siècles. L'augmentation incessante de la population de la France en fait une nécessité.

Inutile de dire que ce grand but ne peut être atteint qu'avec le
puissant concours du Gouvernement. Lui seul peut, en effet, par
un important sacrifice, par des résolutions sérieuses, bien combi-
nées, bien arrêtées, décider le département, les communes, les
associations, les compagnies, les propriétaires, à dépenser pour défrichements, dessèchements plantations, tracé de chemins vicinaux, constructions rurales et urbaines, etc., le double des sommes qu'il consacrerait à l'exécution des grands travaux publics que
nous mettons à sa charge page 17, et sans lesquels toutes les entreprises privées à faire ne pourront que languir, que végéter.

Division du département du Leyre

EN ARRONDISSEMENTS, CANTONS ET COMMUNES.

Avant d'indiquer les mesures que nous croyons le plus propres à
transformer les landes de Gascogne en pays fertile, à doubler en
peu d'années sa population et à y attirer les capitaux, disons que le
département du Leyre serait divisé en *six* arrondissements, *trente*
cantons et *trois cents* communes, ce qui porterait comme suit, l'é-
tendue *moyenne* extraordinaire, comparativement au reste de la
France : (Voir la note *h*) (1).

1° Par arrondissement, à. . . . . 110,833 hectares.
2° Par canton, à. . . , ... 22,611
3° Par commune, à. 2,200

Presque toutes les communes du Leyre étant à créer d'une grandeur convenable pour être facilement administrées, la délimitation
de chacune serait constatée dans un procès-verbal contradictoire ;

(1) Nous laissons à qui de droit le soin de fixer la circonscription et le chef-
lieu de chaque arrondissement, etc.

ces limites seraient formées *autant que possible par des tenants immuables :* les plans cadastraux seraient d'un grand secours pour cette opération.

Le nombre nécessaire des chefs-lieux de cantons et de communes serait d'abord très-difficile à trouver. On n'en compte en ce moment que quatre-vingt-dix-huit, encore y en a-t-il vingt-sept de l'arrondissement de Lesparre qui appartiennent à *la Grave* ou au Médoc, pays vignoble qui borde la Gironde. Il faudrait donc bien recourir, en attendant mieux, aux hameaux de cent habitants et au-dessus. Leur nombre n'est que de cinquante; ce serait donc tout au plus cent cinquante centres de population de toute grandeur; pareil nombre par conséquent serait à créer.

On verra bientôt les moyens que nous employons pour les multiplier rapidement et pour augmenter l'importance de ceux qui existent. On compte *trois mille* communes en France dont la population n'est que de *soixante habitants* ; c'est un malheur, mais il justifie d'avance l'emploi, comme chef-lieu de commune, d'un hameau de cent habitants.

Principales natures de Culture

DU DÉPARTEMENT DU LEYRE.

Les 665,000 hectares qui formeraient la superficie totale du département peuvent se diviser comme suit :

1° En dunes non encore fixées.	42,000 hectares.
2° En dunes semées depuis 1787. . . .	7,850
3° En vallons ou lèdes propres au paccage. .	24,000
4° En étangs, déduction faite du bassin d'Arcachon (dont la contenance approximative est de 15,000 hectares).	20,000
5° En palus ou marais.	6,000
6° En bois ou forêts anciennes.	7,457
Total. . . .	107,307
7° En landes, en propriétés bâties et non bâties.	557,693
Total égal. . .	665,000 hectares.

Pour ne pas donner au département du Leyre une trop grande longueur, nous avons fixé celle de son littoral à 185 kilomètres, à partir de la pointe de Grave. On arrive ainsi à la hauteur du village de *Mix*, entre l'étang de St-Julien et celui de Léon. (Voir le plan).

Divers modes de Culture

PROPOSÉS DANS LES LANDES DE GASCOGNE.

On n'est point encore d'accord sur le meilleur mode de colonisation. Les uns se prononcent pour la *culture forestière* exclusive, c'est-à-dire pour les semis et plantations de pins maritimes; les autres pour la *culture rurale*.

Les premiers font des calculs très-développés pour prouver la supériorité de la culture forestière sur l'autre, quant aux produits; mais ils ne paraissent pas avoir suffisamment considéré que si les 1500 mille hectares de landes de Gascogne, qui s'étendent, sans solution de continuité sur les départements de la Gironde, des Landes et du Gers, étaient livrés exclusivement à la culture du pin maritime, on ne trouverait jamais le débit d'une telle masse de produits de même nature; qu'ainsi on serait exposé à des pertes considérables; que si ce genre de culture commence à rapporter dès la douzième année, ce n'est qu'à trente ans que ses produits ont de l'importance, et qu'à soixante ans, ce qui est un peu long, que les coupes peuvent se faire à blanc-d'estoc; que cette culture unique excluerait tous les troupeaux et priverait de leur précieux engrais; qu'enfin ce serait maintenir éternellement ces landes à l'état de désert, en bannir à jamais la population et la civilisation. Les bergers d'ailleurs ne manqueraient pas d'incendier ces forêts, pour se venger de la perte de leurs troupeaux et de leur état.

Par ces diverses considérations et beaucoup d'autres faciles à saisir, nous pensons qu'une culture *mixte* qui admettrait le mélange de tous les modes, suivant la nature et le degré de fertilité du sol de chaque localité, et pourrait ainsi concilier tous les intérêts, serait préférable. Du moins on pourrait chaque année jouir du produit des récoltes de toute sorte.

Sans nous engager plus avant dans cette controverse, il nous suffit de savoir, par les nombreux écrits publiés depuis 1826 sur les landes de Gascogne, que cet immense plateau, presque horizontal, de formation océanique, d'une nature invariable, recouvert d'une couche de détritus fertilisants assez épaisse, produite par l'incinération cent fois répétée depuis des siècles par les bergers ou par le feu du ciel, des végétaux qui couvrent la surface de ce plateau, est aussi propre à la culture des céréales qu'à celle du pin maritime et autres grands végétaux, pourvu que les bras, les capitaux, les engrais, les voies de transport par terre et par eau ne manquent pas. C'est donc à procurer à ce pays agreste ces quatre grands éléments de prospérité, que nous allons nous appliquer.

Aux grands Maux les grands Remèdes.

--

GRANDS TRAVAUX A LA CHARGE DE L'ÉTAT.

Les deux tiers des 1500 mille hectares de landes précitées appartenant à l'Etat, c'est incontestablement à lui, comme plus grand propriétaire foncier, à faire établir les principales voies de communication par terre et par eau, et à exécuter les grands travaux préparatoires de la colonisation.

Ces grands travaux consisteraient :

1° Dans la continuation de l'œuvre de Brémontier, en semis des dunes appartenant à l'Etat ;

2° Dans l'exécution du canal projeté dès 1820, de la Garonne, près Castres, au bassin d'Arcachon, par le ruisseau de Béliet et le Leyre. (Longueur 76,000 mètres ; dépense 6,503,000 fr.);

3° Dans la communication de la Gironde à Bayonne, par les étangs du Littoral, jusqu'à l'embouchure de l'Adour, sous Bayonne. (Longueur 137,000 mètres ; dépense 5,763,000 fr.) (i); *

4° Dans l'ouverture des rigoles navigables, nécessaires au transport des produits agricoles et industriels ; dans quelques tranchées

* Une partie importante de cette ligne navigable est déjà faite par une compagnie.

et canaux réclamés pour l'assainissement convenable du pays , le tout combiné avec le meilleur système d'irrigation et de réservoirs pour y recueillir les eaux stagnantes des plateaux et les employer à l'alimentation des rigoles navigables et à l'arrosage des prairies ;

5° Dans l'achèvement de la route nationale n° 132, de Bordeaux à Bayonne par *Castets ;* travail urgent, puisqu'il procurerait un raccourci de 70 kil. sur celle n° 10, de Bordeaux à Bayonne par *Bazas ;*

6° Dans la construction des locaux et édifices nécessaires aux divers services publics *d'une ville chef-lieu de département*, à fonder vers le centre, entre Béliet et Lugos sur le canal même de Béliet, tout près de la route n° 132, et dans la proportion de 8 à 10 mille âmes (1) ;

7° Dans l'exécution, par exception, en faveur du Leyre, des principales routes *départementales ;*

8° Dans l'établissement d'un hospice *d'enfants trouvés* au chef-lieu de chaque arrondissement, capable de recevoir 200 enfants de 10 à 12 ans, sains, robustes et propres aux travaux des champs. Ces enfants seraient tirés, pendant dix ans, des hospices des 24 départements les plus rapprochés de celui du Leyre ; ce serait 50 enfants pour chacun. Les propriétaires de ce dernier département qui auraient besoin de bras s'adresseraient à l'hospice de leur arrondissement, et ils en obtiendraient aux conditions fixées par les réglements de l'administration des hospices ;

9° Dans l'établissement d'une ferme modèle par arrondissement et d'une pépinière d'arbres et arbustes les plus convenables à la localité ;

10° Enfin dans la construction ou l'appropriation aux chefs-lieux d'arrondissements des locaux nécessaires aux services publics.

Moyens d'exécution.

Dix mille hommes de troupes , renouvelés tous les ans , seraient employés pendant dix ans aux travaux des routes , chemins et ca-

---

(1) La création de Napoléon, à côté d'un bourg de 700 âmes, dans une localité agreste, a , jointe aux routes stratégiques, changé la face du département de la Vendée.

naux ci-dessus, mis à la charge de l'Etat, à l'instar de ce que l'on a fait dans les départements de l'Ouest pour les routes stratégiques, et de ce que l'on fait depuis vingt ans en Algérie.

Ces troupes seraient judicieusement réparties le long des routes et canaux à exécuter, de manière à leur assurer des travaux pendant deux ans, sur une longueur de quatre kilomètres, deux à droite et deux à gauche des baraques.

Les camps seraient, suivant les difficultés locales, de 50, de 100 ou de 150 hommes. Chaque camp deviendrait *l'origine d'un hameau ou d'un village*, dont la population civile se composerait des aubergistes, cafetiers et autres pourvoyeurs de la station militaire ; qui ne manqueraient pas de venir s'établir là, pendant la durée du camp, et dont une partie finirait par s'y fixer pour toujours, parce que chacun y aurait construit une baraque et acheté quelques parcelles de terre. Ensuite, des propriétaires, des cultivateurs qui trouveraient dans ce voisinage *improvisé* une sécurité suffisante, n'hésiteraient pas à y bâtir, à s'y établir à demeure.

Le choix de ces stations militaires se ferait dans les meilleures conditions hygiéniques et autant que la direction générale de la route ou du canal le permettrait, dans les localités les plus faciles à défricher et le plus à proximité de quelque voie déjà ouverte, afin que toutes ces circonstances fussent autant de stimulants pour la colonisation et le peuplement.

Au bout de deux ans, on choisirait de nouvelles stations, avec les mêmes précautions et ainsi de suite de deux ans en deux ans, jusqu'à l'expiration des dix ans que les troupes devraient rester sur la colonie.

On aurait donc à la fin de cette période décennale au moins 500 lieux habités, lesquels protégeraient les autres établissements isolés qui viendraient se former aux alentours : ce serait parmi tous ces nouveaux centres de population qu'on choisirait les chefs-lieux administratifs dont on aurait besoin.

La multiplication de ces petits établissements favoriserait la colonisation, parce que chaque famille se hâterait de défricher, autour de son habitation, un jardin, un verger, une pâture pour avoir des légumes, des fruits et quelques animaux domestiques. Ces quelques parcelles seraient toujours mieux cultivées que les autres et en acquerreraient plus de valeur.

Indépendamment des dix mille hommes de troupes ci-dessus, le gouvernement consacrerait chaque année, pendant dix ans, quinze millions de francs à l'exécution des grands travaux précités pour stimuler toutes les entreprises en constructions, défrichements, etc., faites par des associations ou des particuliers, tant dans les villes, bourgs et villages que dans les parties rurales. Néanmoins, la subvention de l'Etat, dans les travaux des communes et du département, ne pourrait excéder le tiers des fonds votés par les conseils.

Les particuliers, les compagnies et associations trouveraient un encouragement suffisant dans les dispenses d'impôts, les réductions de droits d'enregistrement, de douane, et dans la jouissance des grandes voies de communication par terre et par eau, que le gouvernement ferait ouvrir.

Emprunt du département.

Le département du Leyre serait autorisé à faire chaque année, pendant dix ans, un emprunt d'un million à 4 % d'intérêts, remboursable en vingt ans sur ses ressources ordinaires et extraordinaires.

Sur cette somme, celle de *deux cent mille francs*, chaque année, pendant dix ans, serait prélevée pour doter *deux cents rosières* choisies, exclusivement dans l'intérêt de l'agriculture, parmi les filles les plus méritantes des cultivateurs et des fermiers du département.

La dot de chacune serait de *mille francs* et de *cinq hectares de landes* ; l'immeuble serait fourni par l'Etat. *Elles ne pourraient se marier qu'à des hommes des départements limitrophes ou des plus voisins de celui du Leyre.* Ils seraient d'une moralité reconnue, attestée, et appartiendraient nécessairement à la classe des cultivateurs ou des fermiers. L'avoir bien établi de chacun serait *double* de celui de la rosière qu'il épouserait.

Les conseils municipaux désigneraient les rosières au préfet. Aucun de ces mariages n'aurait lieu que du consentement de ce magistrat.

Ces ménages ne pourraient, sous aucun prétexte et sans l'autorisation du ministre compétent, sortir du département pour aller s'établir ailleurs, qu'après dix années consécutives de séjour et de travaux agricoles sur les cinq hectares de dotation, sous peine par le mari de restituer la dot et d'y être contraint par corps.

Le surplus de l'emprunt annuel d'un million serait employé principalement à la voirie vicinale, etc.

La subvention du département, pour ce dernier objet, ne serait que du tiers des sommes votées, à cet égard, par les conseils municipaux.

Aliénation, — Partage, — Concession

DES LANDES DE LA GASCOGNE ET DE BORDEAUX.

(Sous la dénomination de Landes, on comprend aussi les bruyères, dunes et autres terrains incultes.)

Sur les 750 lieues carrées de landes dites de la Gascogne et de Bordeaux, dont parle M. Deschamps, inspecteur-général des ponts et chaussées, page 5 de son précieux Mémoire de 1852, M. Emile Bères (du Gers) en attribue, page 55 de son Mémoire de 1855, cinq cents à l'Etat. Il resterait donc 250 lieues carrées, ou cinq cent mille hectares de ces terrains, appartenant aux communes et aux particuliers (1).

1° Quant à l'Etat, vaut-il mieux vendre en tout ou en partie ceux de ces biens qui lui appartiennent, que de les concéder moyennant une redevance annuelle?

2° Quant aux communes, vaut-il mieux partager leurs biens communaux, pour être ensuite vendus ou gardés par les *partageants*, que de les concéder à la charge d'une redevance annuelle, au profit des communes?

5° Enfin, quant aux particuliers qui possèdent chacun une grande étendue de landes improductives; n'est-il pas à souhaiter qu'une disposition législative nouvelle les oblige à les défricher, à les mettre en valeur, ou, à défaut de moyens pécuniaires, à les concéder à d'autres, sous la condition d'une redevance annuelle?

(1) Il s'agit de la lieue de 4444ᵐ.44.

Sur la première question, nous sommes d'avis que la concession est préférable à la vente, parce que celle-ci absorberait les ressources de l'acquéreur, l'empêcherait de défricher promptement et de mettre en valeur l'immeuble qu'il aurait acquis. La concession, au contraire, tout en lui assurant la propriété du sol, lui laisserait les moyens de l'améliorer et l'encouragerait à cela.

Sur la seconde question, qui est complexe, nous pensons que la vente des biens communaux, dans les landes de Gascogne, doit être repoussée, par les mêmes motifs que ceux ci-dessus, et en outre, parce qu'une aussi grande masse de biens mis en vente à la fois, dans un pays pauvre, se vendrait difficilement ou à vil prix. Nous repoussons également le partage qu'on en ferait d'après les lois qui régissent la matière, attendu que ce moyen aurait généralement pour résultat de faire passer dans les mains des riches du pays, qui possèdent déjà plus de ces sortes de propriétés qu'ils n'en peuvent utiliser ou améliorer, parce que les pauvres s'empresseraient de leur vendre les lots qui leur seraient échus, n'ayant pas les capitaux nécessaires pour les défricher.

Comme de telles transactions n'attireraient ni bras utiles, ni argent dans la colonie, il faut renoncer à la vente des biens communaux pour s'attacher à leur concession moyennant une redevance annuelle.

En ce qui touche la troisième question, malgré tout notre respect pour la propriété privée, nous n'hésitons pas à émettre le vœu qu'une loi nouvelle vienne astreindre les particuliers possédant des landes ou autres terrains incultes, *de cinq hectares et au-dessus,* à en entreprendre le défrichement et la mise en valeur dans l'année de l'ouverture de la colonisation générale des landes, ou, à défaut de moyens suffisants pour cela, d'en faire la concession dans les trois mois de l'expiration de l'année ci-dessus, aux conditions librement et volontairement stipulées. Ce délai passé sans résolution prise, le préfet serait autorisé, par la nouvelle loi, à procéder immédiatement à la concession de ces immeubles privés, comme pour les biens communaux, aux mêmes conditions et au profit de ces propriétaires.

Il ne devrait pas être permis à des particuliers de posséder d'im-

menses terrains improductifs , quand ils ne peuvent les cultiver , lorsque d'autres se présentent pour les défricher à des conditions beaucoup plus favorables pour le propriétaire que l'état
d'abandon dans lequel ils les laissent depuis si longtemps. Les
possesseurs de tels biens doivent, comme les propriétaires de *mines*
et *carrières,* être contraints de *faire* ou de laisser *faire.* Quand la
population de la France va toujours croissant, on ne saurait trop
hâter les défrichements, desséchements et reboisements.

Où serait l'injustice, d'ailleurs, pour ces propriétaires, dans la
mesure que nous réclamons, et qui leur assurerait, comme on va
le voir, un revenu annuel de trois francs par hectare de landes,
presque sans produit, et qui sont généralement grevées de droits de
parcours et de *vaine pâture,* qui en diminuent tant la valeur ! (*k*)

Les éléments nous manquent pour préciser la part de l'Etat et
celle des communes et des propriétaires dans les 557,693 hectares
de landes mentionnées page 15, et sur lesquels il en serait concédé
300,000 , comme il va être dit.

Puisque le gouvernement possède les deux tiers de la totalité des
1500 mille hectares , page 17, et que l'autre tiers appartient aux
communes et aux propriétaires , nous maintenons ces proportions
quant aux 300,000 hectares ci-dessus, ce qui ferait 200,000 hectares
pour l'Etat et 100,000 pour les deux autres ayant droit.

Ces bases posées, voici comment nous pensons que les concessions
devraient être faites pour le plus grand avantage de la colonisation
et des divers intérêts :

1° Sur les 200 mille hectares que nous attribuons à l'Etat dans les
300 mille ci-dessus, 100 mille seraient divisés en *dix mille lots* de
dix hectares chacun, et chaque lot serait concédé, à la charge par
le concessionnaire de le défricher, de le cultiver et de payer au
trésor une redevance annuelle de *deux francs* par hectare , au capital
de *quarante francs* ;

2° Les 100 mille autres hectares appartenant à l'Etat seraient divisés en *cinq mille lots* de 20 hectares chacun, et qui seraient concédés, à la charge de les défricher, de les cultiver et de payer au
trésor une redevance annuelle de *deux francs cinquante centimes* par
hectare, au capital de *cinquante francs* ;

3° Les 100 mille hectares de landes appartenant aux communes et aux particuliers, formeraient 3,333 lots de chacun 30 hectares. Chaque lot serait concédé à la charge de le défricher, de le mettre en valeur et de payer à qui de droit une redevance annuelle de *trois francs* par hectare, au capital de *soixante francs*.

Les frais de l'acte de concession seraient à la charge du concessionnaire, mais les droits d'enregistrement seraient réduits de moitié.

Nous avons dit plus haut que les derniers 100 mille hectares seraient fournis par moitié par les communes et par les particuliers ; mais s'il arrivait que l'une des deux parties ne pût fournir son contingent, l'autre le compléterait.

Si les propriétaires sont ici réunis aux communes, c'est dans l'hypothèse que la nouvelle loi l'autoriserait pour les causes que nous avons indiquées.

Les 18,333 lots de landes ci-dessus ne seraient concédés *qu'à des cultivateurs ou fermiers étrangers au département du Leyre, mariés, non vœufs, d'une conduite régulière et d'une bonne moralité*, qui justifieraient d'un avoir *net et suffisant* pour mettre en valeur le lot que chacun aurait obtenu. Nul ne pourrait être concessionnaire de plus d'un lot, ni devenir plus tard propriétaire d'autres lots que par succession ou donation, ou qu'après le défrichement du premier. Toutefois le préfet pourrait, suivant le cas, proposer au ministre telle exception qu'il jugerait convenable dans l'intérêt de la colonie.

Ces nouveaux propriétaires jouiraient de tous les avantages résultant de notre projet en faveur des propriétaires et qui leur seraient applicables.

Cette multitude de petits établissements agricoles, qui auraient nécessairement pour base *l'économie, la simplicité*, et dont le personnel ne se composerait que de travailleurs intéressés, offrirait bien plus de garantie de succès à la colonisation, que les compagnies qui s'organisent presque toujours sur un trop grand pied, afin d'éblouir, bâtissent à trop grands frais, et dont l'état-major est très-dispendieux. Si l'on admet ensuite que chaque ménage apporterait dans la colonie un avoir de 2,000 fr. en moyenne, les 18,333 lots enrichiraient le département du Leyre d'un capital de 58 millions et d'une nombreuse population. (1).

D'un autre côté, cette division des premiers 500 mille hectares serait un premier pas vers le *morcellement* des landes et bruyères de la Gascogne, opération nécessaire à la réalisation de la colonisation de cet immense delta. Ce morcellement d'ailleurs, dans de telles proportions et conditions, serait sans inconvénient.

Dix ans après le commencement du défrichement de chaque lot, le concessionnaire pourrait, *à volonté*, s'affranchir de la redevance annuelle relative à son lot, en payant intégralement le capital *afférant à cette redevance*.

Il résulterait de ce qui précède : 1° que la concession des 200 mille hectares appartenant à l'Etat lui produirait une redevance annuelle totale de 450 mille francs, représentant un capital de 9 millions ; 2° que la concession des biens de même nature appartenant aux communes et aux particuliers leur assurerait une redevance annuelle de 300 mille francs, représentant un capital de 6 millions.

Ce serait assurément un revenu bien supérieur, tant pour l'Etat que pour les communes et les particuliers, à celui qu'ils retirent aujourd'hui de leurs landes et bruyères.

Comme on le voit, les 500 mille hectares formeraient trois catégories de lots évalués à trois prix différents. La première comprend dix mille lots de dix hectares chacun. Elle serait destinée aux petits agriculteurs, qui sont toujours les plus nombreux ; c'est pourquoi nous lui affectons le *minimum* des prix, parce que c'est la classe qu'il faut le plus favoriser.

La seconde catégorie n'est que de 5,000 lots, parce que l'importance de chacun est *double*, ou de vingt hectares ; elle irait à l'adresse des bourses moyennes. Enfin, la troisième catégorie ne serait que de 3,333 lots, parce que l'importance de chacun serait *triple* ou

---

(1) Au bout de dix ans, les 2,000 maris des rosières auraient aussi apporté dans la colonie 4 millions, en supposant que la moyenne de l'avoir de chacun soit aussi de 2,000 fr.

Ce serait donc 42 millions que les colons étrangers au département du Leyre y auraient apportés.

de trente hectares. Elle ne pourrait convenir qu'aux cultivateurs aisés, qui se décideraient à quitter leur département pour aller s'établir dans celui du Leyre. C'est par ce motif que nous en avons porté la redevance annuelle à 3 fr. par hectare.

L'Etat, étant le principal propriétaire des terrains dont il s'agit, et par conséquent le plus intéressé à leur mise en valeur, puisque dans la suite il aurait la plus forte part dans la *plus-value* de ces biens et en retirerait plus tard des impôts considérables de toute nature ; par ces motifs, nous avons attribué les deux plus faibles redevances annuelles aux deux catégories de lots lui appartenant, et il nous a paru juste et politique de favoriser les communes et les propriétaires en accordant à leurs landes la plus forte redevance par hectare, afin de les décider plus facilement à souscrire aux mesures proposées.

Il ne serait pas nécessaire de procéder au placement de ces lots par adjudication publique. Il suffirait, après leur formation par commune, de faire connaître, par la voie des journaux, les trois catégories de lots à établir, l'étendue en hectares de chacun, la redevance annuelle à payer, le capital correspondant à cette redevance et les conditions auxquelles *tout venant* qui remplirait celles-ci pourrait obtenir le lot qui lui conviendrait.

L'acte de concession serait d'une rédaction uniforme, sur cadre imprimé compris dans un registre spécial ; énoncerait les noms, prénoms, profession et demeure du concessionnaire, le numéro d'ordre du lot, sa catégorie, ses *tenants* et *aboutissants*, le chiffre de sa redevance et celui du capital correspondant à cette redevance. Le sous-préfet de l'arrondissement de la situation du lot, délivrerait au concessionnaire une expédition de cet acte sur un cadre entièrement semblable au registre. Mais l'entrée en jouissance n'aurait lieu qu'après l'approbation du préfet. Les *tenants* et *aboutissants* seraient suffisamment indiqués par les numéros d'ordre des lots limitrophes et par les noms de leurs concessionnaires.

Les grands journaux citeraient tous les mois, seulement le nombre des lots de chaque catégorie restant à placer et les conditions requises pour en devenir concessionnaire; cela suffirait. Ensuite, à mesure qu'il se présenterait des demandeurs, on leur délivrerait l'expédition de l'acte de concession pour chacun des lots qu'ils auraient choisis.

Le placement des lots par adjudication publique, ne permettrait pas d'exclure ni les habitants de la commune de la situation de ces biens, ni aucun propriétaire du département, ce qui aurait le grave inconvénient de faire adjuger des terrains incultes à des gens qui en auraient déjà trop de cette nature ; de mettre ces adjudicataires, par le paiement de leur acquisition, hors d'état de pouvoir en entreprendre de longtemps le défrichement et l'amélioration ; enfin, de diminuer le nombre des bras agricoles et d'apauvrir ce département en le privant des capitaux étrangers.

Si, d'une part, notre mode de placement des lots faisait obstacle à la chaleur des enchères et à ce qu'on tirât un meilleur parti de certains lots, d'un autre côté il préviendrait la concurrence des gens du lieu qui sont *inhabiles à cultiver*, et qui éloigneraient les hommes pratiques, les bons agriculteurs. Ce mode, en n'admettant qu'un seul prix pour tous les lots de chaque catégorie, bien qu'ils soient d'une valeur différente, hâterait, sans nul doute, le placement des lots, parce que les concessionnaires s'empresseraient de se présenter pour faire leur choix, et cette concurrence salutaire se soutiendrait jusqu'à la fin, de manière que les mauvais lots se trouveraient placés comme les bons. Cette inégalité de valeur des lots de chaque catégorie, contribuerait plus que tout à leur prompt placement (1).

De la Population actuelle

DU DÉPARTEMENT DU LEYRE.

Comme on l'a vu, page 12, la population totale du département du Leyre serait de 106,507 habitants, d'après le recensement de 1846 ; soit, en tenant compte de l'augmentation proportionnelle survenue depuis, 108,000 âmes.

Si cette population était bien répartie, il n'y aurait que demi-mal, mais il n'en est point ainsi. L'arrondissement de Lesparre en offre

(1) Ces lots seraient formés à l'aide des plans cadastraux.

un exemple frappant. Sa contenance de 120,500 hectares, se divise en deux parties à peu près égales en superficie. L'une, parfaitement cultivée, s'étend le long de la Gironde, comprend 27 communes et 52,000 âmes ; l'autre, inculte, ne comprend que trois communes et 5,000 âmes (1).

La première moitié possède donc plus de six fois autant de population que la seconde, tandis que dans l'intérêt du défrichement, ce devrait être le contraire.

Des circonstances à peu près semblables se produisent dans les autres parties du département.

Le salut de la colonisation est tout entier dans une prompte et forte augmentation de la population et dans sa bonne répartition. Cette mesure aurait pour conséquence nécessaire, d'ajouter beaucoup à la consommation *sur place* des produits agricoles et industriels, ce qui serait d'un avantage immense en l'absence des grandes voies de communication et en attendant qu'on les établisse.

C'est donc vers le point capital *du peuplement* que doivent tendre tous nos efforts. Nous croyons que les moyens ci-après, bien combinés, peuvent conduire à ce grand but.

Exemptions, Réduction de droits,

REMISE D'IMPÔTS, IMMUNITÉS.

—

Exemptions Militaires.

Par exception, le département du Leyre serait affranchi, pendant dix ans, de tout contingent militaire dans l'intérêt de son agriculture et de son industrie.

Ensuite, et encore pendant dix ans, chaque famille qui aurait successivement plusieurs garçons propres au service militaire, ne pourrait être tenue d'en fournir plus d'un.

Tout individu de 18 à 20 ans, d'une conduite régulière, apparte-

(1) Trois communes pour 60,000 h^res, c'est en moyenne 20,000 h^res par commune.

nant à l'un des 50 départements les plus rapprochés de celui du Leyre, de la profession de laboureur, de jardinier, de taillandier, de charron ou de toute autre profession concernant l'agriculture, qui ferait à la préfecture du Leyre, sur un registre ouvert à cet effet, la déclaration qu'il prend l'engagement formel de se fixer, pendant *dix ans consécutifs*, dans ce département pour y exercer sa profession, serait dispensé du service *militaire*. On prendrait son signalement en cas de désertion.

Exemption de droits d'Enregistrement.

Pendant quinze ans, tout acte translatif de propriété immobilière par vente, échange, succession ou donation, ne donnerait lieu qu'à la moitié du droit *ordinaire* d'enregistrement dans le département du Leyre.

Exemption de droits de Douane.

Pendant quinze ans, tous les objets de première nécessité *pour la classe ouvrière*, ne paieraient que la moitié du droit ordinaire à leur entrée dans le port de La Teste.

Il en serait de même pour tous les objets nécessaires à *l'industrie du bâtiment*, à l'agriculture, à l'horticulture, soit en matière première, soit en outils ou instruments fabriqués.

Exemption d'Impôts directs.

La loi du 3 frimaire an VII dispose, art. 111, 112, 113 et 114, que la *cotisation* des terrains desséchés, défrichés, etc., ne pourra être *augmentée* qu'après 10, 20, 25, 30 ans, suivant la nature de culture indiquée par chacun de ces articles (*l*). Ces dispositions peuvent être suffisantes dans les pays peuplés qui ont et des capitaux et peu de terrains incultes.

Mais le département du Leyre, dont le sol est généralement infertile, où tout est à créer : routes, chemins, canaux, villages, etc., exige nécessairement que l'on sorte, à son égard, de la règle ordinaire des exceptions, si l'on ne veut pas manquer le but. Il faudrait donc pour l'atteindre, agir largement et déclarer :

1° Que la cotisation actuelle de tout terrain improductif que l'on mettrait en valeur, ne pourrait être *augmentée* qu'après *trente années révolues ;*

2° Que toute famille française, que toute famille étrangère, d'une moralité constatée, ayant les ressources dont le chiffre serait déterminé par qui de droit, qui s'établirait dans le département, y obtiendrait soit du gouvernement, soit des communes, soit des particuliers, une concession de terrain à la charge de le défricher et de le mettre en valeur, ne serait tenu de payer aucune *augmentation* d'impôt pour ce terrain, *qu'après 35 ans,* à partir de la concession, et s'il s'agit de dunes, *qu'après 50 ans.*

De plus, chacune de ces familles serait affranchie *pendant 15 ans,* de l'impôt mobilier et de celui des *portes et fenêtres* (1) ;

3° Que tout propriétaire qui formerait un établissement agricole de *100 à 250 hectares* et le pourvoirait de tout ce qui serait nécessaire à son exploitation, serait exempt *d'augmentation* d'impôt foncier *pendant 30 ans,* de l'impôt mobilier et de celui des portes et fenêtres, pendant les *15 premières années,* à partir de l'achèvement de la construction de son habitation ;

4° Que tout particulier ou toute association qui entreprendrait et opérerait un défrichement *de 250 à 500 hectares,* serait affranchi pendant 40 ans de toute *augmentation* d'impôt foncier et *pendant 20 ans* de l'impôt mobilier et de celui des portes et fenêtres ;

5° Que tout monastère, toute communauté religieuse qui entreprendrait et exécuterait le défrichement ou le desséchement d'un terrain de *1,000 à 2,500 hectares ;* qui construirait une église au milieu et l'entourerait de quelques habitations, pouvant être le noyau d'un centre de population ; ajouterait à cet établissement agricole, une école professionnelle de 25 à 50 élèves, principalement orphelins, jouirait d'une exemption *d'augmentation* d'impôt foncier *pendant 60 ans* (2), serait dispensé *pendant 25 ans* de la contribution mobilière et de celle des portes et fenêtres, et obtiendrait pendant tout

(1) A Paris, ceux qui reconstruisent sur le prolongement de la rue de Rivoli, sont affranchis de ces impôts pendant 20 ans ; mais quelle différence de situation !

(2) La concession de jouissance de l'exploitation des chemins de fer s'élève jusqu'à 99 ans.

le temps que la troupe resterait dans le département, un soldat *par deux ouvriers civils* que l'association emploierait au défrichement, à la charge par elle de verser à la caisse du bataillon, 25 centimes de *haute paie* par jour et par soldat qu'elle obtiendrait, sans que le nombre de ces soldats pût excéder cinquante (*m*).

De plus, le chef de la communauté obtiendrait une distinction honorifique *comme ayant bien mérité de l'agriculture et de la patrie*, car on se distingue aussi bien en cultivant, en fécondant le sol pour nourrir ses semblables, qu'en les tuant sur un champ de bataille.

L'église dont il est parlé plus haut, serait dans les proportions voulues par sa future destination *de chef-lieu de commune*. La dénomination de cette commune serait concertée avec le préfet qui la fixerait par un arrêté spécial.

Dans un délai convenu à l'amiable, la commune rembourserait à la communauté les frais de construction de cette église;

6° Que tout particulier, toute association civile qui remplirait toutes les conditions énoncées au précédent paragraphe, jouirait des mêmes avantages et distinctions que ceux y mentionnés.

Il est bien entendu que les superficies dont il est parlé aux nᵒˢ 3, 4 et 5, seraient prises en dehors des 300 mille hect. divisés par lots.

Des formalités à remplir.

Nul n'aurait droit à aucune des exemptions d'impôts précitées, s'il n'avait préalablement fait à l'autorité compétente, la déclaration précise de la situation et de l'étendue superficielle des terrains qu'il s'engage à mettre en valeur.

Il serait tenu de joindre à cette déclaration, soit un plan géométrique spécial, soit un extrait du plan cadastral, présentant au moins la circonscription de l'ensemble des terrains à défricher, avec l'indication des *tenants* et *aboutissants* et la contenance totale.

De la durée des Baux.

Par exception pour le département du Leyre et dans l'intérêt tant des propriétaires que des fermiers, la durée des baux des biens ruraux serait de 21 ans pour la première fois, et ensuite de 15 ans.

La durée des baux des biens communaux serait de trente-six ans pour la première fois, de vingt-sept pour la seconde, et ensuite de dix-huit ans.

De la population présumée du département du Leyre,

A LA FIN DE LA DIXIÈME ANNÉE DE SA CRÉATION.

Comme nous l'avons dit, page 27, la population actuelle du nouveau département serait de. . . . . 108,000 habitants.

A quoi il faut ajouter :

1° Dix mille hommes de troupes pendant dix ans, ci. 10,000

2° La subvention du gouvernement devant être de 15 millions et celle du département d'un million, cela ferait 16 millions. Dans notre pensée, les communes, les associations et les particuliers qui voudraient participer les unes à ces fortes subventions, les autres aux immenses avantages résultant de la réduction de droits et d'impôts pour longues années, dépenseraient une somme *double ou 32 millions*, ce qui ferait *un total de 48 millions par an*. Nous supposons ensuite que les trois quarts de cette somme seraient employés en achats de matériaux et de terrains nécessaires aux constructions dans les villes et bourgs, il resterait donc *12 millions* pour la main d'œuvre. Cette somme divisée par 600 fr., prix moyen d'un ouvrier par an, composé de 300 jours de travail, représenterait 20,000 ouvriers étrangers, que l'on emploierait pendant dix ans, ci 20,000

3° Les mariages des 200 rosières attireraient

Total à reporter. 138,000

Report.   158,000

par an 200 cultivateurs étrangers, et en dix
ans.   2,000

4º Les exemptions d'impôt, les réductions
de droits d'enregistrement et de douane pendant quinze ans, le désir de jouir sans retard
des grandes voies par terre et par eau que le
gouvernement ferait établir tout d'abord, et de
plusieurs autres avantages, attireraient 500 sujets par an, et en dix ans.   5,000

5º Les *enfants trouvés* tirés des 24 départements les plus rapprochés de celui du Leyre,
à raison de 50 sujets pour chacun, produiraient 1200 sujets par an et en dix ans. . . .   12,000

6º Nous portons à 3,000 par an le nombre des
jeunes gens que l'exemption militaire attirerait
dans le département, et en dix ans.   30,000

7º La population mobile des voyageurs étrangers pour le commerce et pour l'industrie, de
pourvoyeurs ambulants, de curieux pour visi-
ter le pays et les travaux, ne serait pas de
moins de 500 individus par jour toute l'année,
ce qui compterait toujours pour la consommation et serait l'équivalent en dix ans de. . . .   5,000

8º Nous portons par approximation à 300
par an l'excédant des naissances sur les décès;
ce qui donne en dix ans.   3,000

9º Comme les 20,000 ouvriers que l'on pourrait occuper par an, pendant dix ans, ne seraient pas toujours les mêmes, et que le nombre total de ceux que les immenses travaux du
Leyre y amèneraient, en dix ans, dépasserait
peut-être 50,000, nous estimons que sur ce
nombre il y en aurait un dixième ou 5,000 qui

Total à reporter.   195,000

Report. 195,000

s'y marieraient à mesure que les villes, bourgs et villages prendraient de l'importance, afin de s'assurer une clientèle dans ces nouveaux centres de population, entièrement dépourvus de toute sorte d'artisans; on peut donc les comprendre dans la population sédentaire pour. . 5,000

10° Sur les 100,000 militaires qui, dans le cours de dix ans, séjourneraient dans le département, il s'y en fixerait, à mesure des congés, un sur cent, par mariage ou par toute autre cause, soit. 1,000

11° Puisque la population augmente partout chaque année, le nombre des 108,000 habitants primitifs, augmenterait aussi dans une proportion beaucoup plus grande que celle des autres départements, en raison des moyens extraordinaires par lesquels nous la faisons beaucoup plus que doubler en dix ans; nous ne porterons néanmoins que 200 âmes par an, et pour dix ans. 2,000

12° Enfin les 18,333 lots de landes et bruyères dont il est parlé page 13, ne pouvant être concédés qu'à des étrangers au département du Leyre; cette condition *sine qua non*, amènerait autant de ménages nouveaux, et en comptant seulement trois individus par ménage, il en résulterait une augmentation de population de. . 55,000

Sur quoi il faut déduire :

1° Dix mille ouvriers divers qui pourront s'éloigner du Leyre, parce que les subventions de l'Etat et du département auront cessé au bout de dix ans, et qu'il ne resterait plus que les com-

Total à reporter. 258,000

Report 258,000

‑munes , les associations et les particuliers qui
pourraient employer les dix mille autres ou‑
vriers pour profiter : 1° encore pendant cinq
ans , des réductions d'impôts, de droits , etc. ,
et pour continuer ensuite à jouir des routes ,
canaux et autres avantages 10,000

    2°Neuf mille hommes de troupes
sur les dix mille employés aux tra‑
vaux , parce qu'on ne laisserait   20,000
plus qu'une garnison de mille h^mes.   9,000

    3° A déduire encore pour les cas
imprévus 1,000

Il resterait donc, toute déduction faite. . . 238,000 habitants.
La population primitive , page 27 , étant de   108,000

L'augmentation de la population en dix ans
serait donc de . . . . 150,000 habitants,
soit 15,000 par an. Voilà ce qu'il faut pour assurer le succès de la
colonisation.

Le département du Leyre , avec une population de 238 mille ha‑
bitants aussi promptement réalisée , joint : 1° à ce qu'il serait alors
en possession des canaux, des routes, chemins , etc. , dont nous
avons parlé , d'une ville chef-lieu et pourvue d'un port, devenue un
grand centre d'affaires et de population, de nombreux, d'importants
locaux et édifices affectés aux services publics ; 2° à ce que les co‑
lons auraient encore à jouir pendant longues années de la remise
d'impôts directs considérables ; 3° à ce que les fermiers ayant de
longs baux , feraient tous leurs efforts pour améliorer le plus et le
plus tôt possible, afin de jouir plus longtemps de la *plus-value* due
à leurs soins , à leur intelligence ; 4° à ce que la grande impulsion
que les travaux de colonisation auraient reçue pendant dix ans , en
rendrait la continuation plus facile.

Par tous ces motifs, les 238 mille âmes ci-dessus permettraient
au département d'achever avec succès et promptitude les travaux

commencés, sans autres secours que ses propres ressources. Nul doute, ensuite, que sa population, au bout des cinq ans supplémentaires ou à la fin de la quinzième année de sa création, excéderait 250 mille âmes, et au lieu d'être le dernier des départements, comme il l'est aujourd'hui sous le rapport du nombre des habitants, il se trouverait le sixième. De plus, cette population serait saine, morale et laborieuse par la manière dont elle serait composée.

Conséquences probables

DE L'EMPLOI DES DIVERS MOYENS CI-DESSUS PROPOSÉS.

Les routes stratégiques des départements de l'Ouest, ouvertes d'abord pour rendre à jamais impossible une nouvelle guerre de la Vendée, ont eu ensuite pour résultat, d'établir de nombreuses communications entre des localités inaccessibles entre elles, assez populeuses, riches en bois, déjà passablement cultivées ; de procurer à leurs produits agricoles et autres les débouchés qui leur manquaient ; de multiplier, d'étendre leurs relations ; de hâter leur civilisation si arriérée alors ; enfin de doubler la valeur des biens ruraux, de tripler celle des propriétés urbaines ; d'augmenter la population et le nombre des propriétaires fonciers *résidants* et *exploitants*, deux avantages précieux ; de développer l'industrie, le commerce, de perfectionner l'agriculture par un morcellement raisonnable de la propriété, d'accroître considérablement les richesses publique et privée.

Pendant les six ou sept ans de séjour que les troupes employées aux travaux ont fait, toutes les denrées doublèrent et triplèrent de prix, ce qui fut une cause d'aisance subite pour les propriétaires et les fermiers. L'argent circulait abondamment, facilitait toutes les affaires, toutes les entreprises, la consommation en toutes choses était considérable, et le Trésor y gagnait beaucoup.

Sans nul doute, la colonisation, le tracé des routes, chemins et canaux, le rapide peuplement du département du Leyre et la création ou le développement de plusieurs grands centres de population et de transactions, y produiraient des effets semblables à ceux que nous venons de signaler dans l'ouest de la France.

La multiplication des écoles publiques dans les Landes de Gascogne, serait une garantie de la prompte civilisation de cette contrée, où elle est beaucoup plus arriérée qu'elle ne l'était dans les départements de l'ouest.

Dès qu'on verrait le Gouvernement parfaitement résolu d'agir avec une grande puissance de moyens, pour changer totalement la face de ces malheureuses Landes, dont les deux tiers lui appartiennent, les immeubles y augmenteraient de valeur même avant l'ouverture des travaux.

Les propriétaires troùveraient dans cette plus-value subite, acquise *sans bourse délier*, une augmentation de crédit pour les emprunts qu'ils voudraient et auraient besoin de faire, pour défricher et pour suivre le mouvement général d'amélioration.

Les spéculateurs, séduits par les avantages immenses dont la jouissance leur serait assurée, arriveraient de toutes parts pour acheter de vastes terrains encore à vil prix, pour les cultiver ou pour les revendre en détail avec bénéfice. Ils viseraient à se devancer pour avoir le choix des lots les plus faciles à défricher ou à dessécher et les mieux placés à l'égard des communications établies et de celles projetées.

L'ouverture et la multiplicité, jusqu'à un certain point, des voies par terre et par eau seraient toujours dans le pays la source la plus féconde de sa richesse.

La valeur vénale des Landes varie, suivant les renseignements récents qui nous sont parvenus, de 50 à 80 fr. l'hectare, 100 fr. au plus généralement. Ces prix seraient doublés dès la première campagne.

L'empressement des premiers colons en attirerait d'autres. Tous aimeraient mieux employer leurs capitaux dans le département du Leyre que de les porter en Algérie, malgré les grands avantages qu'on leur offre et bien que le sol y soit généralement plus fertile, *parce qu'il ne faudrait point s'expatrier* et qu'ils n'auraient à craindre ni la rigueur du climat, ni les insurrections assez fréquentes, ni la chance d'une guerre maritime, toutes circonstances qui pourraient les ruiner en peu de temps, sans compter les dangers personnels qu'ils auraient à courir.

· Parce qu'en outre on trouverait sans peine, dans les départements limitrophes ou circonvoisins de celui du Leyre, des laboureurs expérimentés, des valets de fermes intelligents, initiés en partie aux usages locaux, parlant la langue du pays, ayant généralement la même religion que les habitants du Leyre.

Enfin, parce que ces laboureurs, ces valets de fermes, pouvant calculer exactement la dépense et le temps nécessaires pour se rendre sur la colonie, ils n'hésiteraient point à s'y transporter.

Voilà bien des compensations en regard de la plus grande fécondité du sol de l'Algérie et des facilités que l'on offre à ceux qui veulent y aller.

Ce n'est cependant pas tout. Bien que les ouvriers ou les cultivateurs qui se rendent dans cette partie de l'Afrique, après avoir réalisé un petit pécule, y soient transportés aux frais de l'Etat, parfois néanmoins, ils éprouvent de fâcheux mécomptes. Ils n'ont pas toujours bien calculé la durée du voyage par terre. S'ils arrivent trop tard au point d'embarquement pour profiter du bâtiment qui doit les transporter, il faut qu'ils attendent à leurs frais un nouveau départ; s'ils arrivent trop tôt, l'inconvénient est le même : perte de temps et augmentation imprévue de dépense : deux causes de gêne sinon de ruine pour eux.

Si le mal du pays les prend, ils ne peuvent rentrer dans leurs familles qu'à leurs dépens ; mais l'éloignement, le trajet de mer, le défaut de ressources, rendent ce retour impossible, et alors ils meurent d'ennui ou de misère.

Ces graves inconvénients n'existeraient point pour les ouvriers agricoles et autres qui voudraient se rendre dans la colonie du Leyre. Un jour ou deux suffiraient pour retourner, presque sans frais, dans leurs familles, à ceux qui éprouveraient le besoin de les revoir, puisqu'ils n'en seraient généralement qu'à 50 ou 40 lieues.

La Teste-de-Buche deviendrait en peu de temps une ville maritime de quelque importance pour la colonie des Landes, d'abord comme entrepôt de la grande quantité de marchandises de toute nature nécessaires à la population si rapidement augmentée , ainsi qu'aux travaux publics et particuliers; marchandises qu'elle recevrait de Bordeaux par le chemin de fer, et d'autres lieux par mer. Ensuite comme débouché des produits divers du département qui ne tarderaient point à *doubler* d'importance.

Conçoit-on, en effet, quel serait le résultat pour la richesse du Leyre, au bout de dix ans, d'une dépense annuelle de 48 millions et d'une augmentation *de 30 mille habitants* dès la première année (10 mille hommes de troupes et 20 mille ouvriers divers), et pour chacune des neuf autres années, une augmentation de 13,000 habitants, page 19.

Que l'on calcule, s'il est possible, tout le bien que ferait une telle quantité de nouveaux habitants , réunis dans un si court délai, au point de vue *de la consommation sur place*, de la majeure partie des produits divers d'un pays presque sans voies de communication, et ce que l'on obtiendrait de ces produits relativement aux prix d'aujoud'hui.

Les hauts fourneaux, les forges à fer, les aciéries, etc. , qui existent sur plusieurs points, augmenteraient bientôt en nombre et en importance, car le minérai abonde et se trouve presque partout à la surface du sol.

Les innombrables constructions de tout genre que l'augmentation si prompte du nombre des habitants rendrait nécessaires, imprimeraient incontestablement une grande impulsion à l'industrie métallurgique des landes , et la consommation en combustible serait proportionnellement plus grande, ce qui contribuerait au débit des bois.

Autre circonstance à noter. L'accroissement extraordinaire de la population en dix ans, hâterait le défrichement, la culture des terres , la multiplication des pâturages et amènerait l'augmentation des troupeaux, développerait l'élevage du cheval, et de là une plus grande masse d'engrais, qui deviendraient dans chaque localité une nouvelle source de prospérité.

L'industrie du bâtiment qui, pour les causes précitées , s'accroîtrait considérablement, donnerait lieu à l'ouverture de beaucoup de carrières , à l'établissement d'un grand nombre de fours à tuiles , à briques et à chaux qui contribueraient à augmenter les produits du sol.

Comprend-on enfin tout le parti que l'on tirerait du baraquement des troupes, quant au débit des bois, quant aux logements provisoires qu'il offrirait, à mesure des changements de stations militaires et comme moyen de multiplier les centres de population dans les parties rurales ?

Avec le temps, on pourrait fonder aussi des ports de pêche pour les huîtres, la sardine, etc., l'un à l'embouchure du *Courant*, l'autre à l'embouchure du *Coutis* et ailleurs (1).

Il nous reste à parler des exemptions militaires, des réductions de droits d'enregistrement et de douane ; de la concession des landes.

Peut-être nous reprochera-t-on d'être entré trop largement dans cette voie ; mais qui veut la fin, veut les moyens. Les demi-mesures sont toujours mauvaises. En fait de grands travaux, plus on exécute rapidement, plus on économise et plus tôt on jouit des avantages que l'on en attend.

Si les fonds n'eussent pas manqué à Brémontier, les 42,000 hectares de dunes (page 15) comprises dans le département du Leyre seraient depuis longtemps en plein rapport.

Mais rendons grâce encore une fois à ce grand physicien de nous avoir appris à fixer les dunes par des semis très-productifs et qui protègent en même temps les récoltes. Le premier pas qu'il a fait avec tant de bonheur vers ce but autour du bassin d'Arcachon, est un sûr garant du succès dans la continuation de son œuvre.

La réduction à moitié des droits d'enregistrement concernant les actes translatifs de propriétés foncières, serait une grande faveur, il est vrai ; mais loin d'être préjudiciable au trésor, elle lui serait avantageuse, en raison des innombrables transactions auxquelles les immeubles donneraient lieu par l'application de notre mode de colonisation dans une vaste localité *encore vierge du morcellement* et où la division de la propriété, du moins autour des villes, bourgs, villages et hameaux, se mesurerait à l'augmentation de la population.

La moyenne générale du nombre de parcelles par hectare, en

____

(1) On assure que cette partie de la côte abonde en huîtres, sardines et autres poissons.

France, est de 2,5 ; tandis que dans le département du Leyre, elle n'est que de 67 centièmes de parcelle. Les 665,000 hectares du département renferment 451,000 parcelles. Le nombre des propriétaires fonciers est de 31,000 ; il serait bientôt doublé, et celui des transactions ferait plus que de tripler à la dixième année. Il est probable qu'à la fin de la cinquième, le gouvernement serait plus que couvert de son sacrifice temporaire *du demi-droit*. Quel avenir n'aurait-il pas ensuite à cet égard !

En réduisant aussi de moitié, pendant quinze ans, le droit d'entrée par mer dans le port de La Teste, quant aux objets relatifs : 1° à la vie, aux vêtements des ouvriers, et à l'agriculture, on est sûr de favoriser la colonisation des landes, et comme ce pays ne produit rien, ou presque rien à l'Etat, c'est donc moins un sacrifice qu'une faible avance qu'il fait pour assurer ensuite *et pour toujours* de fortes rentrées au trésor.

En graduant la durée des exemptions d'impôts divers, suivant l'importance des entreprises de défrichements et de constructions, nous avons eu en vue de favoriser la prompte création des villages pour avoir assez de chefs-lieux de communes. C'est le besoin le plus pressant, afin de réduire le plus tôt possible les territoires communaux à une superficie convenable et facile à administrer.

Il fallait aussi favoriser largement la mise en valeur des dunes qui peuvent appartenir aux communes et aux particuliers. C'est le sol le plus rebelle à l'amélioration. Il nous a donc paru juste encore d'accorder à cette nature de fonds une plus longue exemption d'impôts. C'est d'ailleurs le sacrifice qui coûte le moins à l'Etat, puisque ce sol est improductif. Ce que les particuliers entreprendraient sur les dunes diminuerait d'autant la tâche du gouvernement.

Le renouvellement annuel des troupes donnerait lieu, en dix ans, à un mouvement de *cent mille hommes*, qui se seraient succédés et n'auraient pris part, chaque régiment, *que pendant une seule campagne* à des travaux gigantesques destinés à faire le bonheur de tout un pays et à produire des revenus publics considérables. Quelle influence une campagne, en dix ans, pourrait-elle avoir sur les manœuvres d'un régiment déjà bien exercé ? Aucune.

L'emploi des troupes aux grands travaux publics dont il s'agit, ne serait-il pas, d'ailleurs, le meilleur moyen de faire taire les demandes incessantes de réduction de l'armée, dans un but d'économie publique ? On justifierait ainsi, pendant quelques années, l'entretien d'une grande armée permanente.

Le séjour des régiments pendant un an dans un pays chaud comme les Landes de Gascogne, ne pourrait que les disposer à passer, sans transition brusque, dans des régions d'une température plus élevée, telles que l'Algérie et nos autres colonies, quand le service les y appellerait.

Pourquoi ne ferait-on pas, en routes et autres travaux publics, pour le département du Leyre, ce que l'on a fait pour les départements de l'ouest en 1832 et années suivantes ; ce que l'on fait tous les jours depuis vingt ans pour les départements de l'Algérie ?

Cette partie de l'Afrique, dont la conquête n'est point encore entière, a déjà coûté à la France près de deux milliards et plus de cent mille braves, que les combats, la rigueur du climat et les hôpitaux ont consumés. Malgré tant de sacrifices, sans compter ceux restant à faire, qui peut répondre que l'Algérie n'échappera pas un jour à la France ? Personne.

Le gouvernement aurait cet avantage, qu'avec 150 millions, il ferait faire, en dix ans, pour 450 millions de travaux, grâce au concours du département, des communes, des associations et des particuliers ; concours qui lui manque en Algérie, parce que les populations y sont errantes et que les communes n'y sont point organisées ; qu'en outre la prestation en nature y est inconnue, et cependant, c'est la principale ressource pour cet objet.

Qu'importe donc au gouvernement de faire de longues concessions de jouissance pour des terrains sans valeur depuis des siècles et qui n'en auront encore de plusieurs siècles, s'il ne vient sérieusement en aide au département du Leyre, qui renferme à lui seul le dixième des terres vaines et vagues de toute la France. N'y aurait-il point plus d'avantage à porter toutes ses forces sur un seul point qu'à les diviser ? Pour vouloir satisfaire tout le monde à la fois, on finit par ne donner satisfaction complète à personne.

N'oublions pas, d'ailleurs, que sur les 750 lieues carrées de landes de Gascogne, le Gouvernement en possède 500, soit un million d'hectares (*Vérités sur les Landes de Gascogne*, p. 79), ce qui justifierait pleinement les sacrifices que nous lui demandons. Il devrait d'autant moins hésiter à les faire, qu'il serait appelé à jouir en peu d'années de la *plus-value* que la culture donnerait à ces immenses terrains, mais encore des impôts considérables que produirait l'autre tiers de ces landes appartenant aux communes et aux particuliers.

L'auteur des *Vérités sur les Landes de Gascogne*, Mémoire très-remarquable assurément, sous plus d'un rapport, évalue à près de 400 millions (page 90) la somme nécessaire à l'exécution de son projet de *culture forestière* exclusive de ces landes, et il comptait sur le commerce de Bordeaux pour procurer cette somme; mais depuis 1841, qu'on a fait cet appel au commerce, il est resté sourd. 400 millions pour ne jouir complètement qu'au bout de 60 ans, et pour transformer un désert *de landes* en un désert *de forêts!* Ce mode de *culture*, ennemi de tout troupeau, de toute population, de toute civilisation ne saurait prévaloir.

Disons-le bien haut encore une fois! Point de colonisation possible avec succès dans les landes de Gascogne, si l'ouverture de toutes les grandes voies de communication ne précède les entreprises particulières; si l'on n'a recours à des moyens extraordinaires, mais faciles, pour augmenter, pour doubler subitement la population, sans laquelle on ne pourra faire rien de sérieux. Mais avec des routes, des chemins, des canaux et rigoles navigables et des bras, tout est possible, la colonisation est assurée. Les communes, les compagnies, les particuliers, rivaliseraient entre eux de zèle et d'ambition pour entreprendre d'importants défrichements, afin de s'assurer tous une bonne part dans les subventions, réductions de droits, remises d'impôts et autres avantages que leur offre notre projet, qui ne ressemble en rien à ceux qui l'ont précédé.

Qu'importe enfin aux communes, aux particuliers, de faire des baux à longs termes, pour des biens communaux ou privés, sans valeur dans leurs mains, et qui ne peuvent en acquérir que par le défrichement d'abord, et ensuite par le perfectionnement de la culture au moyen des baux dont il s'agit. Il est bien juste que le fermier qui mettra la dernière main à la *plus-value*, qui l'augmentera par ses soins, son intelligence et de nouveaux sacrifices, en soit rémunéré par une plus longue jouissance.

Combien n'est-il pas à regretter que toutes les concessions que nous demandons aujourd'hui n'aient pas eu lieu il y a un siècle! tous les terrains encore incultes seraient en plein rapport, comme le sont tous les biens communaux vendus depuis 1790, dans les autres départements; terrains si bien cultivés maintenant, qui produisent tant d'impôts et sont d'une valeur si considérable!

Ne vaudrait-il pas cent fois mieux favoriser quelques milliers de familles de cultivateurs pauvres, mais laborieux; leur fournir l'occasion d'acquérir honnêtement de l'aisance, plutôt que de les exploiter, de les décourager par des clauses sévères qui ne peuvent que les éloigner du pays au lieu de les y retenir?

Songeons que l'Algérie nous enlève journellement *nos familles agricoles*, que les événements de 1848 ont ruinées, et qui réalisent leurs dernières ressources pour aller tenter la fortune dans un climat où elles ne trouveront, peut-être, que la misère, sinon la mort, mais qui n'en seront pas moins une perte difficile à réparer pour l'agriculture française, déjà si pauvre de cultivateurs expérimentés.

Si à l'avenir, au lieu de favoriser l'émigration de ces précieuses familles, on les retenait pour la colonisation du Leyre, nous croyons que cela vaudrait beaucoup mieux pour elles et pour la France, car si on leur offre plus d'avantages en Afrique, elles ont aussi beaucoup plus de chances fâcheuses à courir.

Loin de nous la pensée d'improuver la conquête de l'Algérie; au point où nous en sommes, il n'y a pas à reculer, mais si elle était à entreprendre, nous ne conseillerions pas de le faire.

La France seule, ayant conquis à ses dépens cette partie de l'Afrique, amené sa colonisation à un degré si satisfaisant, organisé et réglementé tous les services publics, elle pourrait bien laisser aux autres nations de l'Europe, qu'elle admet si généreusement à profiter de sa conquête, le soin de pourvoir la colonie des familles agricoles qui lui manquent.

Du Terrassier-Locomoteur & de l'Excavador.

A tous les moyens d'exécution ci-dessus, nous croyons que l'on pourrait employer, avec succès, le *terrassier-locomoteur* de M. Gervais, négociant de Caen, à la colonisation des landes de Gascogne, à cause de leur immense étendue superficielle et de leur presqu'horizontalité, joint à la nature sablonneuse de leur sol, qui serait généralement très-facile à défoncer jusqu'à la couche solide.

On pourrait également faire usage de l'*excavador* dans les parties où il présenterait plus d'avantages que l'invention précédente.

Le *terrassier-locomoteur* est une machine à vapeur de la force de six chevaux, fonctionnant à cinq atmosphères, avec laquelle on fait, du premier coup, une tranchée de 3^m de largeur et de 1^m 30^c de profondeur. Elle va nuit et jour, remue un mètre cube par minute et a l'immense avantage d'épuiser rapidement l'eau qui peut gêner les travaux.

La commission d'ingénieurs nommée par l'administration des ponts et chaussées, pour constater les avantages résultant de l'emploi de cette machine, estime qu'il y aurait économie de moitié à en faire usage ; mais nous croyons qu'elle serait des trois quarts dans les Landes, en raison de ce que leur surface est vaste et peu tourmentée.

Le terrassier-locomoteur serait excellent pour l'ouverture des grands fossés et des canaux de desséchement ; des rigoles navigables, ou du moins temporairement navigables, dans la partie où les eaux, à la surface, sont le plus abondantes et peuvent être alimentées par de petits cours d'eau naturels:

Cette machine serait également avantageuse pour tracer le périmètre des communes par une tranchée de 3^m de largeur sur 1^m 30 de profondeur, dimensions convenables, 1° pour mettre les territoires à l'abri du saut des grands animaux domestiques ; 2° pour faciliter la reconnaissance, à toute époque, des limites communales, qui, dit-on, ne sont connues que du maire et du curé ; 3° pour faire cesser par cette clôture la servitude communale connue sous le nom de *parcours*.

De telles lignes de démarcation contribueraient éminemment à l'assainissement du sol. Plantées des deux côtés, elles seraient d'un certain produit.

L'*Excavador* « est une machine qui, suivant des expériences dé-
» sormais satisfaisantes, creuse un canal profond à peu près aussi
» facilement qu'une charrue, attelée de deux bœufs, trace un sillon
» dans nos champs. » On l'emploie avec succès dans les terres basses de la Guyane.

Les deux machines précitées, mises en usage dans les landes de la Gascogne, pourraient y faire une révolution en économie et en promptitude d'exécution.

QUESTIONS.

1° La dépense des baraques destinées au logement des troupes serait-elle une perte sèche pour l'État? Nous ne le pensons pas.

Ces baraques, à chaque station, ne devant servir aux militaires que deux ans au plus, et pouvant, si elles sont bien conditionnées, en durer au moins dix, à cause du bois résineux que l'on y emploierait, contribueraient, au contraire, au succès de la colonie, en procurant sans retard des logements provisoires, mais suffisants dans un pays chaud, aux cultivateurs qui viendraient s'y établir, et en assurant le débit d'une grande quantité de bois.

Nous pensons que les travaux doivent être réglés de manière que les ateliers puissent durer deux ans; que les stations soient de 50, de 100, de 150 hommes de troupes, pour que les cafetiers et autres pourvoyeurs du camp, ne changent pas trop souvent de place et que quelques-uns se décident à s'y fixer à demeure, soit par habitude, soit par intérêt, ce qui ne manquerait pas d'attirer d'autres habitants, qui, sans ce voisinage, n'y viendraient pas.

Les nouveaux colons s'estimeraient donc heureux de trouver, en arrivant dans les déserts du département du Leyre, ces baraques, qui pourraient leur servir encore huit ans, sauf à les approprier à leurs besoins par des divisions intérieures ou par des additions en dehors.

Sans nul doute, les propriétaires du sol sur lequel elles seraient bâties, n'hésiteraient point à les racheter ce qu'elles auraient coûté. Ils y gagneraient encore, parce qu'ils pourraient ajourner pendant huit ou dix ans des constructions plus durables, il est vrai, mais qui seraient beaucoup plus dispendieuses, à cause de la rareté des bons matériaux, et à défaut de chemins viables pour les transporter à des conditions raisonnables.

Quand ces baraques seraient usées, les propriétaires auraient déjà joui huit ans du défrichement, les grandes voies de communication seraient ouvertes, les transports seraient à meilleur marché. Ces propriétaires seraient donc plus en état de bâtir avec solidité et à moins de frais.

Une fois le camp tracé par l'ingénieur militaire, les propriétaires du fonds ne pourraient-ils pas se rendre adjudicataires de la construction des barraques, et, dans la prévision qu'ils les loueraient ou les habiteraient au bout de deux ans, les faire plus solides que ne l'exigerait le devis, à la charge par eux de suppléer, *sans répétition*, le surplus de la dépense fixée par le devis ? Ils s'assureraient ainsi des logements d'une plus longue durée.

Il est aussi très-probable que les constructeurs de baraques eux-mêmes spéculeraient là-dessus, en achetant le terrain formant l'assiette de chaque camp, pour louer ces baraques après le départ de la troupe ou pour les vendre.

Si ces suppositions sont justes, il en résulterait que lorsqu'on voudrait changer un camp, que les ingénieurs en auraient désigné la nouvelle place et dressé le plan, on y construirait des baraques neuves qui seraient prêtes pour le déménagement des anciennes. Par là on s'affranchirait : 1° des déchets inséparables d'une démolition, du transport des vieux matériaux ; 2° de l'embarras presque aussi grand de savoir où loger la troupe pendant tout le temps que dureraient la démolition de l'ancien camp et la construction du nouveau.

Il en résulterait aussi que l'on pourrait diminuer un peu la durée du campement, par conséquent multiplier le nombre des stations dans la période de dix ans et les rapprocher à volonté des travaux. Ce serait en même temps un moyen de former un plus grand nombre de petits centres de population.

Comme nous l'avons dit page 19, chaque camp mobile devant être le commencement d'un hameau ou d'un village, il s'ensuivrait que tout nouveau centre de population qui aurait cette origine, serait dans son ensemble et dès le principe soumis à un alignement qu'il serait bon de maintenir et de continuer à faire observer par les particuliers qui construiraient plus tard, car l'alignement des rues est une chose d'ordre public jusque dans les hameaux un peu populeux.

Nous insistons pour faire remarquer combien le système des campements mobiles serait favorable à la colonisation, au débit des bois, *sur place*, à leur augmentation de valeur, au reboisement qui deviendrait de plus en plus une source de richesse pour les communes, pour les compagnies, pour les particuliers et pour l'Etat. L'augmentation considérable de la population, le développement de l'industrie et du commerce multiplieraient nécessairement les besoins des bois d'ouvrage et de chauffage qui sont des objets de première nécessité.

2° Les canaux et rigoles navigables exécutés par l'Etat ne seraient-ils pas d'un certain produit?

C'est incontestable. Le transport des marchandises par ces voies d'eau donnerait toujours lieu à un droit de tarif.

3° Les forêts actuelles de l'Etat, dont les bois seraient si promptement enlevés pour la construction des baraques des camps mobiles et pour des milliers d'autres constructions, ne seraient-elles pas d'une ressource immense qui viendrait en aide *immédiatement*, tandis qu'aujourd'hui elles sont à peu près sans valeur?

4° Les forêts nouvelles résultant des semis à faire dans les 42,000 hectares de dunes qui sont encore à fixer, ne seraient-elles pas, au bout de quinze ans, d'un produit assez considérable?

5° A cette même époque, qui serait aussi celle de l'expiration des réductions de droits d'enregistrement, de douane, commencerait la jouissance complète des droits sur une immense consommation, occasionnée par le doublement de la population en dix ans; cette circonstance n'assurerait-elle pas des rentrées importantes et quotidiennes *pour toujours* au trésor?

6° Enfin ces routes, ces canaux, ces forêts, ces locaux et édifices publics que nous mettons à la charge de l'Etat, n'auraient-ils pas en définitive *une valeur capitale* supérieure aux sacrifices que nous lui demandons?

Cela est incontestable, si l'on considère que les terrains sur lesquels tous ces objets seraient assis étant achetés aujourd'hui à vil prix, s'ils ne sont déjà la propriété de l'Etat, auraient alors une valeur décuple. Si l'on considère encore que la création d'un troisième département; l'érection d'une ville capitale dans la plus belle situation possible; la transformation, par leur accroissement, de cinq chefs-lieux de canton en autant de chefs-lieux d'arrondissements; la fondation d'un grand nombre de chefs-lieux de communes; que toutes ces circonstances changeraient entièrement la face et l'aspect des landes de Gascogne.

Plusieurs concessions ont été faites par le gouvernement dans ces landes au profit de quelques compagnies, il va sans dire que celles qui ont rempli leurs engagements seraient maintenues dans leurs concessions; quant à celles qui seraient restées au-dessous de leurs obligations, le gouvernement pourrait rentrer dans tous ses droits, sauf à tenir compte des travaux faits dont on pourrait tirer parti.

Les travaux les plus urgents, dans le sens de notre projet, parmi ceux que nous mettons à la charge de l'Etat, seraient : 1° le canal de jonction de la Garonne au bassin d'Arcachon, par le ruisseau de Béliet et le Leyre; 2° la construction des locaux et édifices publics de *Lugôville*, chef-lieu départemental projeté; 3° l'ouverture de routes principales qui doivent aboutir à cette ville.

Caen, juin 1852.

SITUATION

DE LA PETITE ET DE LA GRANDE VOIRIE

DU DÉPARTEMENT DU LEYRE

A la fin de 1851.

1º La partie inculte du département de la Gironde qui passerait dans le département du Leyre, renferme trois chemins entiers de grande communication, et une fraction, d'une longueur totale de. . . . . 112 k »

Plus un chemin de moyenne vicinalité, de. . . . . 14 »

    Total. . . . . 126 k »

2º La partie inculte du département des Landes qui passerait dans le département du Leyre, compte en chemins entiers et en fractions de chemins de grande communication, une longueur totale de. . . 191 5

   Total des voies de grande et de moyenne vicinalité. . . 317 k 5

3º Les parties de routes départementales nᵒˢ 4, 14, et de la route nationale nº 132, présentent une longueur totale de. . . . . . 208 »

4º Une fraction du chemin de fer de Bordeaux à la Teste, de. . . 35 »

5º Une ligne navigable du bassin d'Arcachon, au bourg de Mimizan, par les étangs. . . . . 50 »

   Total des grandes voies par terre et par eau. . . . 610 k 5

Ce nombre de kilomètres, divisé par les 665 mille hectares formant la superficie totale du Leyre, donnent 0 m 91 c courant par hectare.

Le Calvados compte :

1º 10 Routes nationales, longues ensemble de. . . . . . . 438 k

2º 21 Routes départementales, longues ensemble de. . . . 557

3º 69 Chemins de grande communication, dont la longueur est de 1,015

4º 74 Chemins de moyenne vicinalité, d'une longueur totale de. . 726

5º 1 Canal de. 14

   Total des grandes voies de communication. . . . 2,750 k

Ce nombre, divisé par 555 mille hectares, contenance totale de ce dernier département, donne 4 ^m 54 ^c courants de grandes voies par hectare. C'est plus de cinq fois autant que dans le département du Leyre.

Ce département, tel que nous le constituons aujourd'hui, ne renferme pas plus de 600 noms de communes et de hameaux et 108 mille habitants ; tandis que le Calvados comprend 790 communes et 11,157 hameaux ; en tout, 11,947 centres de population et 491,210 habitants.

Que l'on se figure , s'il se peut, l'énorme quantité de chemins vicinaux, communaux et d'exploitation nécessaires à relier tant de centres de population de toute grandeur et pour exploiter un sol aussi fertile , et l'on en conclura que la différence des chemins correspondants du département du Leyre avec ceux du Calvados, y compris, de part et d'autre, les grandes voies ci-dessus énumérées, est considérable , et qu'on ne s'éloigne pas de la vérité en admettant que le rapport de leurs longueurs par hectare est de 1 à 15 ^m courants.

Si l'on demandait pourquoi nous avons comparé le plus pauvre département de France, pour les objets ci-dessus, à l'un des six plus riches des autres départements , nous répondrions que c'est parce que nous avions plus de données positives sur le réseau routier et sur les autres points du Calvados , que sur les mêmes objets de tout autre département. Qu'au surplus cette comparaison , faite avec un département moins riche, n'aurait ni plus ni moins de valeur. Notre but principal, d'ailleurs, a été de faire ressortir le plus possible, *l'insuffisance* des voies de communication actuelle du département du Leyre, avec ses besoins pour l'extraction de ses produits divers et pour ses relations industrielles et commerciales avec les autres départements.

NOTES.

(*a*) Sur les 85 départements du continent, la contenance de 20 seulement excède 700,000 hectares.

(*b*) Voir, page 50, le tableau routier du département du Leyre.

(*c*) Depuis plusieurs années, la compagnie *agricole et industrielle d'Arcachon* s'occupe de la mise en valeur de la plaine aride *de Cazau*, d'une étendue de 13,000 hectares, sur laquelle, dès 1840, elle avait tracé 40 kilomètres (10 lieues de routes et chemins de service. A la même époque, elle avait ouvert 180 kilomètres (45 lieues) de fossés divers. Cette plaine, comme toutes les Landes, d'un aspect sauvage et infertile d'abord, a maintenant une physionomie riche, intéressante.

Pour opérer cette heureuse métamorphose, il n'a fallu qu'une prise d'eau de 4 mètres cubes par seconde à l'étang de Cazau, que le gouvernement a concédée à la compagnie. Cette concession permettra de créer 4,000 hectares de belles et riches prairies. La compagnie parfaitement organisée a fait de grands travaux et de belles constructions.

Les terrains de la concession sont dans la situation la plus heureuse. Ils touchent, au nord, au bassin d'Arcachon, qui leur procure des engrais fertilisants; à l'est, aux Landes de Villemore; au sud, à l'étang de Cazau; et à l'ouest, à la grande forêt de la Teste. — De plus, ils sont traversés au nord par le chemin de fer de Bordeaux à la Teste, et à l'ouest par le canal de la *Compagnie des Landes*. Mais il manque encore plusieurs grandes voies de communication publiques, pour assurer les débouchés des produits agicoles et industriels. Quand seront-elles exécutées? Le centre de ces terrains n'est qu'à 10 kilomètres du port de la Teste.

(*d*) *Lugôville* se trouverait, sans frais, en communication avec les villes de Lesparre, Blaye, Bordeaux, par les routes *déjà faites*. Les grandes routes principales à *ouvrir, sur le département du Leyre*, seraient celles qui relieraient Lugôville d'une part, à Castres, au Langon, à Bazas, à la Teste, et encore à Lesparre par le Porge et la Canau; et d'autre part à Rocquefort par Sore-la-Ville, à Sabres par Pissos, à Dax et à Bayonne par Castets, à Mimizan par Parentis.

Ainsi, le chef-lieu du département se trouverait au point de concours de dix ou douze routes, qui ne manqueraient pas d'avoir plusieurs chemins de grande communication pour affluents.

La partie de toutes les voies à ouvrir, *sur le territoire du département du Leyre*, ne présente qu'une longueur d'environ 250 kilomètres.

(*e*) Le département de la Gironde perdrait en faveur du département du Leyre, les terrains divers compris entre : 1° l'Océan à l'ouest; 2° la Gironde au nord et à l'est, depuis la pointe de Grave jusqu'un peu au-dessus du Bec-d'Ambès, à la limite sud du canton de Castelnaud-de-Médoc (voir le plan); 3° au midi, cette même limite, depuis la Gironde jusqu'à la chaîne de colines qui circonscrit à l'ouest le bassin de la Garonne; 4° ensuite cette même chaîne à l'est, jusqu'aux limites du département des Landes; 5° enfin, encore au midi, le département *actuel* des Landes.

(*f*) Le département des Landes perdrait en faveur de celui du Leyre, les terrains de toute nature compris entre : 1° l'Océan à l'ouest; 2° le département actuel de la Gironde au nord; 3° à l'est, la ligne de partage des bassins de la Midouze, d'une part; du Leyre supérieur et de ses affluents de la rive gauche, d'autre part; 4° enfin, au midi, la ligne de partage du bassin de la Paluc et de ses affluents de la rive droite, et du bassin du Coutis et de ses affluents de la rive gauche.

(*g*) Le département de la Charente-Inférieure, très-irrégulier au midi, perdrait en faveur de celui de la Gironde les cantons de *Montguion*, de *Montlieu* et de *Montendre*, arrondissement de Jonzac, qui sont généralement plus près de Bordeaux que de Saintes, et dont la population et la contenance approximatives sont de 31 mille habitants et de 73 mille hectares, ce qui réuni au résultats ci-dessus, page 12, donnerait une consistance définitive de 527,276 habitants et de 577,000 hectares.

Dans l'intérêt d'une meilleure délimitation, on rattacherait au département des Landes les cantons de *Cazaubon*, de *Norvo* et de *Ricles*, du département du Gers, desquels l'importance totale est de 38,500 habitants et de 78,300 hectares, ce qui porterait la situation définitive du département des Landes à 294,724 habitants et à 653,600 hectares. Ces trois cantons sont généralement plus près de Mont-de-Marsan que d'Auch.

Le Gers serait réduit de 312 mille habitants et de 626,400 hectares à 272,500 habitants et à 548,100 hectares.

Ce qui précède ne fait qu'indiquer ce que l'on pourrait faire, mais cela ne serait point nécessaire pour la création du département du Leyre.

(*h*) Nous proposons dans notre grand projet de remanier tout le territoire continental de la France, *d'après le principe des convenances locales* et de diviser ce territoire : 1°

En	86 départements ,	au lieu de	85 (la Corse exceptée.)
En	400 arrondissements,	au lieu de	358
En	3,000 cantons ,	au lieu de	2,775 (1)
En	32,500 communes,	au lieu de	36,585

2° De fixer la grandeur moyenne :

Du département	à	605,000 hectares	au lieu de	612,000
De l'arrondissement	à	130,000	au lieu de	145,000
Du canton	à	17,300	au lieu de	18,700
De la commune	à	1,600	au lieu de	1,400

afin de rapprocher autant que possible les administrateurs de leurs administrés et les juges des divers tribunaux de leurs justiciables. — On pense bien que les quatre superficies ci-dessus n'ont rien d'absolu et qu'elles varieront. Nous ménageons , à cet égard, une latitude d'un quart en plus et d'un quart en moins, pour répondre, *autant que possible,* à toutes les éventualités locales.

Comme on le voit, la grandeur moyenne des cantons du Leyre serait de 22,200 hectares à peu près, au lieu de 17,300 ou de 18,700 comme ci-dessus; et l'étendue moyenne des communes serait de 2,200 hectares, au lieu de 1,600 , et ce , en raison des circonstances exceptionnelles dans lesquelles se trouve le département.

(i) Ni le chemin de fer de Bordeaux à la Teste, ni celui projeté de Bordeaux à Bayonne, ne sauraient remplacer les canaux pour l'exploitation des forêts venues et de celles à venir du littoral. Le canal par les étangs serait surtout d'un grand avantage pour cette exploitation et pour l'extraction des produits agricoles de cette localité, ainsi que pour le transport des matériaux propres aux constructions qui se multiplieraient dans le voisinage de ce canal, dont 25 kilomètres sont en cours d'exécution par *la Compagnie des Landes,* et suffiront pour mettre en communication les étangs d'Arcachon , de Cazau , de Gastes et d'Aureilhan. La Teste et Mimizan, séparés par une distance de 55 kilomètres, se trouveraient en communication. Avec moins de travaux et de dépense encore, on relierait à la Teste ou au bassin d'Arcachon les étangs du Porge , de la Canau et d'Hourtins ; ce qui, à partir du nord de ce dernier étang,

---

(1) L'article 1er de la loi du 8 pluviôse an IX, fixe à 3,600 le nombre des justices de paix des 98 départements d'alors. C'est en moyenne 36 cantons 7 dixièmes par département, ce qui donnerait pour les 86 départements ci-dessus 3,156 cantons. Le nombre de 3,000 proposé n'est donc pas exagéré. Il serait utile en raison de l'augmentation continuelle de la population.

donnerait une nouvelle ligne navigable de 60 kilomètres. Les deux réunis formeraient un total de 115 kilomètres de navigation entre Mimizan et Hourtins. Plus tard on joindrait la Gironde par Lesparre, au sud-ouest de Valeyrac, à 30,000 mètres de l'étang d'Hourtins.

(*k*) Il existe dans les Landes des usages si bizarres qu'ils anéantissent parfois le droit de propriété. En voici un exemple singulier entre autres. A l'occasion d'un *droit de chasse*, sur le territoire d'Arès, commune d'Andernos, près le bassin d'Arcachon, il s'est élevé une contestation qui a donné lieu au jugement suivant:

« Le tribunal ordonne, etc.

» Que le sieur *Lalesque* a le droit d'y chasser aux canards et aux oiseaux
» de rivière, d'y creuser des fossés, d'y élever des digues, de brûler tous
» les ans les herbages qui y croissent, de couper annuellement tous les arbres
» et arbustes, planter des perches, tendre des filets, chasser les bestiaux
» desdits locaux, d'y faire, en un mot, tout ce qu'il juge utile pour faire fruc-
» tifier la chasse et d'empêcher tout ce qui peut nuire à son produit. »

Tel est le texte de cet étrange jugement. D'après cela, que reste-t-il au propriétaire du fonds? Rien... sinon l'obligation de payer l'impôt.

De telles servitudes, jointes à celles résultant de la *vaine pâture* et du droit de *parcours*, diminuent bien la valeur de la propriété foncière.

Voici un fait d'une autre nature qui est aussi digne de remarque.

La commune de *Sanguinet*, à l'est de l'étang de Cazau, possède 8,000 hectares de biens communaux en Landes; mais on assure qu'elle n'y envoie jamais ses troupeaux, *parce que c'est trop loin*. Huit mille hectares de biens communaux *improductifs* sur une contenance totale de 10,800 hectares!... C'est criant!

(*l*) Les terrains les plus stériles sont frappés d'une *cotisation*, qui ne peut être moindre *d'un décime* par hectare (article 65 de la loi du 3 frimaire an VII). Voilà pourquoi, ce principe posé, les articles 111, 112, 113, 114 et 115 de cette loi, portent que la cotisation ne pourra être *augmentée* pour les motifs énoncés dans ces articles. L'affranchissement de l'impôt foncier ne peut donc être total.

(*m*) Ce nombre de soldats, indépendamment de l'avantage que la communauté en retirerait, serait aussi une garantie du maintien de l'ordre dans un si grand atelier de travaux agricoles, éloigné de toute autorité locale.

TABLE DES MATIÈRES.

ERRATUM.

Page 6, ligne 25, au lieu de *oxides*, lisez : oxydes.

Page 9, ligne 21, au lieu de *figuer*, lisez : figuier.

Page 27, ligne 29, *108,000 âmes*, lisez : de 108,000.

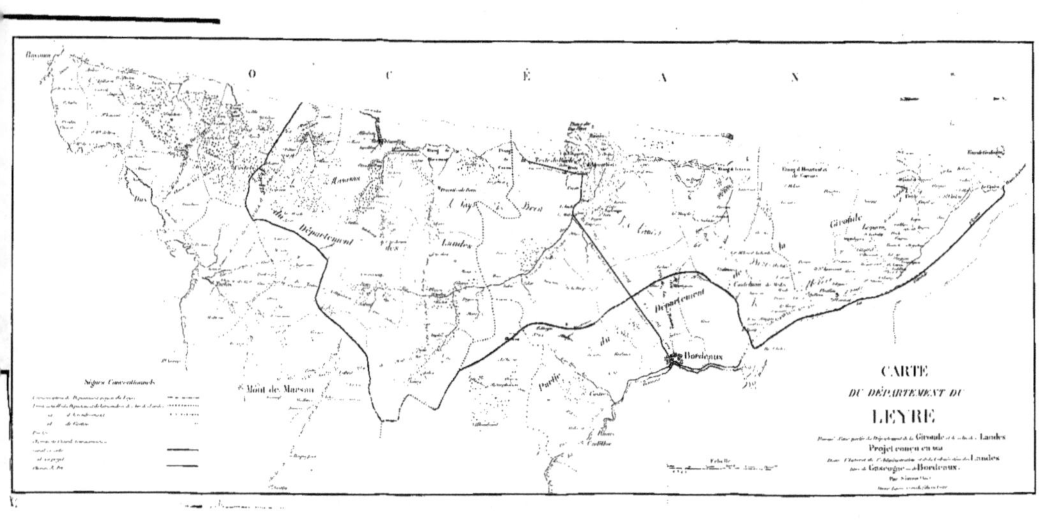

OCÉAN
Département des Landes
Mont de Marsan
Bordeaux
Gironde
CARTE
DU DÉPARTEMENT DU
LEYRE
Projet conçu en 1851

www.ingramcontent.com/pod-product-compliance
Lightning Source LLC
LaVergne TN
LVHW021749060726
842528LV00003B/866